偶像的黄昏
或怎样用锤子从事哲学思考

［德］弗里德里希·威廉·尼采　著

周国平　译

果麦文化 出品

总序　今天，我们为什么要读尼采

在西方哲学家里，尼采是一个另类。在通常情况下，另类是不被人们接受的，事实上尼采也不被他的同时代人接受，生前只有一点小名气。但是，在他死后，西方文化界和哲学界越来越认识到他的伟大，他成了20世纪最走红的哲学家。我本人对尼采也情有独钟，觉得他这个人，从个性到思想到文字，都别具魅力，对我既有冲击力，又能引起深深的共鸣。

32年前，我第一次开尼采讲座，地点是北京大学办公楼礼堂，那次的经历终生难忘。近千个座位坐得满满的，我刚开始讲，突然停电了，讲台上点燃了一支蜡烛，讲台下一片漆黑，一片肃静，我觉得自己像是在布道。刚讲完，电修好了，突然灯火通明，全场一片欢呼。

那是1986年，也是在那一年，我出版了第一本专著《尼采：在世纪的转折点上》，一年内卖出了10万册，以及第一本译著《悲剧的诞生——尼采美学文选》，一年内卖出了15万册。那时候还没有营销、炒作之类的做法，出版社很谨慎地一点点印，卖完了再加印，这个数字算是很惊人的了。20世纪80年代，中国笼罩着一种氛围，我把它叫作精神浪漫，尼采、弗洛伊德、萨特都是激动人心的名字，谈论他们成了一种时尚。你和女朋友约会，手里没有拿着一本尼采，女朋友会嫌你没文化。

30 多年过去了，时代场景发生了巨大的变化。如果说我这一代学人已经从中青年步入了老年，那么，和人相比，时代好像老得更快。当年以思潮为时尚的精神浪漫，已经被以财富为时尚的物质浪漫取代，最有诗意的东西是金钱，绝对轮不上哲学。对于今天的青年来说，那个年代已经成为一个遥远的传说。

不过，我相信，无论在什么时代，青年都是天然的理想主义者，内心都燃烧着精神浪漫的渴望。我今天建议你们读尼采，是怀着一个 70 岁的青年的心愿，希望你们不做 20 岁、30 岁、40 岁的老人。尼采是属于青年人的，我说的青年，不只是指年龄，更是指品格。青年的特点，一是强健的生命，二是高贵的灵魂，尼采是这样的人，我祝愿你们也成为这样的人。

周国平

写于 2019 年 2 月

再刊于 2024 年 6 月

本书说明：

《偶像的黄昏》是尼采于1889年出版的晚期著作，原书题为 *Götzen-Dämmerung oder Wie man mit dem Hammer philosophirt*，全译为《偶像的黄昏或怎样用锤子从事哲学思考》。译者在三十多年前译出后多次出版，本次再版对全稿进行了校订，并且撰写了导言，对原著基本思想进行阐释，供读者参考。

世界上偶像多于真身。用铁锤提问一下,也许回答就是从便便大腹中发出的那著名的瓮声。

——尼采

目 录

译者导言：向道德和理性宣战

一、关于《偶像的黄昏》　　　　　　　2
二、立足于生命看道德　　　　　　　　7
三、本体世界是理性的虚构　　　　　　22
四、时代的批判　　　　　　　　　　　32
五、美学的洞见　　　　　　　　　　　40

偶像的黄昏或怎样用锤子从事哲学思考

前言　　　　　　　　　　　　　　　　48
格言与箭　　　　　　　　　　　　　　50
苏格拉底问题　　　　　　　　　　　　59
哲学中的"理性"　　　　　　　　　　66
"真正的世界"如何终于变成了寓言　　72
　　——一个错误的历史

作为反自然的道德	74
四种大谬误	80
人类的"改善者"	89
德国人缺少什么	94
一个不合时宜者的漫游	102
我感谢古人什么	147
铁锤的话	155

——《查拉图斯特拉如是说》第三卷第 90 页

译者导言：
向道德和理性宣战

一、关于《偶像的黄昏》

尼采于1889年元月初精神失常，此前的1888年，在不到一年的时间里，仿佛有所预感似的，他中断了既定的写作计划，急促地完成和付印了五本篇幅较小的书，《偶像的黄昏》是其中之一，于当年11月印出，次年正式出版。根据《校勘研究版尼采全集》编者蒙梯纳里的研究，尼采在这一年夏末放弃了写作《权力意志——一切价值的重估》这部大书的计划，从为该书准备的笔记中抽取部分材料，整理成了《偶像的黄昏》和《反基督》两本小书，剩下的材料皆属于未经整理的遗稿。[1]

本书原先拟定的标题是《一个心理学家的闲逛》，在好友加斯特的强烈建议下，尼采换成了现在这个标题。他在给

---

1 参看 M.Montinari. *Nietzsche Lesen*. Berlin / New York 1982. （M.蒙梯纳里：《尼采阅读》，柏林/纽约，1982年），第118页。

加斯特的信中称，这个标题是"一个针对瓦格纳的恶作剧"。[1]瓦格纳的歌剧《尼伯龙根的指环》第四部标题为《神界的黄昏》，新标题显然是对它的讽刺性模仿。

尼采是一个著名的偶像破坏者，不过，正如他在前言中提示的，他的偶像破坏具有区别于前人的两大特点：一体现在偶像的种类上，二体现在破坏的方式上。

在偶像的种类上，尼采说，他所探究的偶像"不是一时的偶像，而是永恒的偶像"，"绝不会有更古老、更被人坚信和夸耀的偶像了……也不会有更空洞的偶像了……这并不妨碍它们最为人信仰"。[2]从本书的内容看，他说的偶像主要是指道德和理性。

事实上，在整个19世纪80年代，即尼采创作的高峰期，道德批判一直是他思考和写作的重点，贯穿于该时期的全部著作中，在《朝霞》《快乐的科学》《查拉图斯特拉如是说》中占据了大量篇幅，而在《善恶的彼岸》《道德的谱系》中则成了核心的主题。因此，本书中的探究其实是他的一贯关注的延续。在这个时期里，他形成了重估一切价值的思想，重估的重点就是道德。之所以把主要矛头对准道德，是因为他认为，自柏拉图以来，道德一方面始终被视为最高的价值，

---

1 尼采1888年9月27日致加斯特。转引自 *Friedrich Nietzsche : Chronik in Bildern und Texten*. Carl Hanser Verlag, München-Wien 2000.（《尼采传记图文版》，Carl Hanser 出版社，慕尼黑-维也纳，2000年），第705页。

2 《偶像的黄昏》前言，本书第49页。

对人心有最大的支配力量，"在地球上找不到比善和恶更大的权力了"。[1] 另一方面，道德批判尚是一片空白，"道德迄今为止还未尝是一个问题……我未尝发现有人敢于批判道德价值判断"。[2] 在本书中，他比以往更加鲜明地立足于生命来分析和评价道德。

尼采对理性的批判也早已开始，可以追溯到《悲剧的诞生》中对苏格拉底"科学乐观主义"的抨击，而早期遗稿《非道德意义上的真理和谎言》（大约写于1872年至1873年间）则从认识论角度剖析和批驳了理性崇拜的人类中心论立场。在本书中，尼采着重分析了理性崇拜的心理学根源及其在传统形而上学世界二元模式的形成中的关键作用。这方面的内容，我们在《善恶的彼岸》（出版于1886年）第一章《论哲学家的偏见》中已可见到。他从1885年开始为《权力意志》一书做准备，我们在遗稿中也可以看到这方面的大量论述，可见这个问题是他在19世纪80年代后半期思考的一个聚焦点，但相关的材料只有一小部分被收在了本书中。

在破坏的方式上，尼采说，他是"用铁锤触动，如同用

---

[1] 《查拉图斯特拉如是说》：《一千零一个目标》。*Friedrich Nietzsche, Sämtliche Werke, Kritische Studienausgabe. Herausgegeben von Giorgio Colli und Mazzino Montinari, Deutscher Taschenbuch Verlage, München 1999.*（《校勘研究版尼采全集》，G.科利、M.蒙梯纳里编，德国袖珍图书出版社，慕尼黑，1999年），第4卷，第76页。以下引该全集缩写为KSA。

[2] 《快乐的科学》345。KSA，第3卷，第578页。

一把音叉触动一样",他并非要用铁锤把偶像击碎,而只是"用铁锤提问",听到的回答则是"从便便大腹中发出的那著名的瓮声",这在他这个"老心理学家"看来是"多么愉快的事"。[1]我们不禁想起他为本书拟定的原标题,他是作为一个心理学家,带着闲逛的心情,来考察和戏弄这些似乎庄严无比的偶像的。他自信窥破了这些偶像的秘密,它们里面空无一物,只是靠了人性的弱点才成为最唬人的偶像,被奉为最高的价值,其实并无价值。

如同尼采的大部分作品那样,本书由片断的札记编辑而成,尼采把它们分为十组,给每一组拟了标题。其中的八组,主题明确,内容连贯,篇幅都不长,分别围绕道德、理性、文化批判问题。另两组情况不同,《格言与箭》是44条短小格言、警句的汇编,《一个不合时宜者的漫游》则包含了51条札记,内容比较庞杂,涉及文学、美学、道德、时代批判等各个方面。除关于道德和理性的论述外,本书中的时代批判和美学洞见也颇为精辟。

在本书中,尼采对自己的写作风格有所谈论,我认为有三点值得注意。一是反对构造体系。"我不信任一切体系构造者并且避开他们。构造体系的意愿是一种不诚实的表现。"[2]为什么说不诚实?我的理解是,构造体系常常是用逻辑推理冒充真实的感悟和思考。二是格言和警句的价值。"格言和警句

---

1 《偶像的黄昏》前言,本书第49页。
2 《偶像的黄昏》:《格言与箭》,本书第55页。

是'永恒'之形式，我在这方面是德国首屈一指的大师；我的虚荣心是：用十句话说出别人用一本书说出的东西——说出别人用一本书没有说出的东西……"[1] "用十句话说出别人用一本书说出的东西"是凝练，"说出别人用一本书没有说出的东西"是独特，因为凝练和独特，所以是"'永恒'之形式"，能永久流传。三是蔑视华丽的修辞手段。"凝练，辛辣，本钱尽可能富足，对'华美的辞藻'以及'华美的感情'怀着冷酷的恶意——我在这上面猜透了自己。"[2] 朴实是大师的风格，而其前提是"本钱尽可能富足"，本钱不足者就只能露出华美作态的小家子相了。

---

[1] 《偶像的黄昏》：《一个不合时宜者的漫游》，本书第146页。
[2] 《偶像的黄昏》：《我感谢古人什么》，本书第147页。

二、立足于生命看道德

1. 根本不存在道德事实

"人们知道我对哲学家的要求,即站在善恶的彼岸——超越道德判断的幻象。这一要求源自一种见解,我首次把这见解归纳成一个公式:根本不存在道德事实。道德判断与宗教判断有一共同点,即相信不存在的实在。道德仅是对一定现象的阐释,确切地说,是一种误释。"[1]

尼采关于道德有大量论述,而本书中的这段话最为明确地表述了他对于道德之本质的核心论点。第一,根本不存在道德事实,道德判断并无一种实在与之相对应,因此它本身无真理性可言。第二,道德仅是对一定现象的解释。对什么现象的解释?也不是道德现象,因为"完全不存在道德现象,只存在对现象的一种道德解释"。[2]现象本身无所谓道德不道德,道德只是对现象进行解释的一种角度。第三,而且道德

---

1 《偶像的黄昏》:《人类的"改善者"》,本书第89页。
2 《善恶的彼岸》108。KSA,第5卷,第92页。

是对现象的错误解释，它不但没有揭示现象背后的真相，往往还掩盖和歪曲了这个真相。

在哲学史和宗教史上，人们往往用诸如宇宙秩序、上帝、人的本质之类超验的实在为道德作辩护，以证明道德具有不容置疑的真理性。尼采强调道德不是事实，仅是解释，实际上是否定道德的这类所谓本体论的根据，而一旦否定了这种根据，道德的真理性就成了问题。比如基督教是用上帝的存在来担保道德的真理性的，尼采指出："基督教道德绝不是自明的……基督教假定，人不知道也不可能知道，对他来说，何为善，何为恶：他信仰唯一知道这一点的上帝。基督教道德是一个命令，它的根源是超验的……唯有当上帝是真理之时，它才具有真理性——它与对上帝的信仰同存共亡。"因此，"如果一个人放弃了基督教信仰，那么，他因此也就把他对于基督教道德的权利从脚下抽去了"[1]。

任何一种对现象的解释都是立足于某种价值立场的，都是价值判断，道德解释尤其如此。因此，"没有一种道德自在地具有价值"[2]，它的价值有待于从一个适当的立场上予以审视和估定。从什么立场上？尼采认为，只应该是从生命的立场上，因为生命是我们建立任何一种价值的原动力和参照系。"当我们谈论价值，我们是在生命的鼓舞之下、在生命的光学之下谈论的：生命本身迫使我们建立价值；当我们建立价值

---

1 《偶像的黄昏》：《一个不合时宜者的漫游》，本书第106页。
2 《偶像的黄昏》：《一个不合时宜者的漫游》，本书第130页。

之时，是生命本身通过我们评价……"[1]

也许有人会说，事实上自古及今的悲观主义者也的确在说：生命本身有没有价值还是一个问题呢，因此生命的立场岂不同样是一个成问题的立场？仿佛是要回答这个诘难，尼采承认，对生命本身做肯定或否定的判断都不可能是真理，"生命的价值不可能被估定。不能被一个活人估定，因为这样一位当事人诚然是争论的对象，而不是裁判；也不能被一个死人估定，当然出自另一种理由"[2]。"一个人必须在生命之外有一个立足点，用不同的方式，如同已经活过的一个人、许多人、一切人那样去了解生命，方能真正触及生命的价值问题。有足够的理由表明，这个问题是我们不可企及的问题。"[3] 这些话说的是同一个意思：人自己作为生命，无法超越生命的眼光来认识和评价生命。

然而，正因为此，生命的立场反而有了充足的理由，因为它是唯一可能的立场。既然我们不可能站在宇宙或上帝的立场上评判生命有无价值，那就让我们把这个无解的问题搁置起来吧。既然我们是生命，我们就理所当然地要肯定生命，这种肯定并无形而上学的根据，不是真理，而只是出于本能。但是，作为生命，我们别无选择，也不该做别的选择。因此，对于道德，我们也必须站在生命的立场上，依据其肯定还是否定生命予以评价。

1　《偶像的黄昏》：《作为反自然的道德》，本书第78页。
2　《偶像的黄昏》：《苏格拉底问题》，本书第60页。
3　《偶像的黄昏》：《作为反自然的道德》，本书第78页。

2. 批判反自然的道德

根据与生命的关系，尼采把道德区分为两大类。"道德中的每一种自然主义，也就是每一种健康的道德，都是受生命本能支配的——生命的任何要求都用'应该'和'不应该'的一定规范来贯彻，生命道路上的任何障碍和敌对事物都借此来清除。相反，反自然的道德，也就是几乎每一种迄今为止被倡导、推崇、鼓吹的道德，都是反对生命本能的，它们是对生命本能的隐蔽的或公开的、肆无忌惮的谴责。"[1]

按照尼采的看法，在欧洲，健康的道德仅在苏格拉底之前的希腊和文艺复兴时期占据过上风，而反自然的道德的历史则可以追溯到苏格拉底和柏拉图，在基督教达于顶峰，并延续到了现代。

本书中有专门一辑谈"苏格拉底问题"，大意是说：苏格拉底出身卑贱，相貌丑陋，是一个心中隐藏着病态欲念的怪物；他信仰绝对理性，玩弄辩证法，既是试图压住自身失控的本能，也是在向高贵者复仇；他最后的勇敢赴死其实是自己但求一死，因为他已病入膏肓，无药可治，用理性反对本能也是疾病的表征，而不是康复之路；他作为极端案例是希腊当时已经开始的衰落过程的反映。苏格拉底的道德观可以概括为"理性＝美德＝幸福"这个等式，尼采在最早期著作《悲剧的诞生》中已经对之进行批判，在属于最晚期著作的本

---

[1] 《偶像的黄昏》：《作为反自然的道德》，本书第77页。

书中再次强调:"这个世上最古怪的等式是同古希腊人的全部本能背道而驰的。"[1] 这个等式把克服本能视为道德和幸福的先决条件,同时开启了理性主义的道德观和道德主义的幸福观,尼采指出:"必须克服本能——这是颓废的公式。只要生命在上升,幸福便与本能相等。"[2]

批判苏格拉底也就是批判柏拉图,这不但因为苏格拉底的观点是经由柏拉图向我们阐述的,而且柏拉图还把它体系化,形成"自柏拉图以来的希腊哲学家的道德主义"[3]之传统,直接为基督教在欧洲的统治准备了条件。尼采说:"我对柏拉图的不信任是深入骨髓的:我发现他是如此远离希腊的一切基本本能,如此道德化,如此先于基督教而基督教气味十足——他业已把'善'这个概念视为最高概念,和别的任何词相比较,我宁愿用'高级诈骗'这个刺耳的词,或者,倘若人们更爱听,用'理想主义'来说明整个柏拉图现象。"与柏拉图的"逃入理想"相对照,尼采则对《伯罗奔尼撒战争史》作者修昔底德的"面对现实的勇气"赞赏有加,如此写道:"希腊哲学是希腊本能的衰退;修昔底德是古希腊人本能中那种强大的、严格的、坚硬的求实精神的伟大总结和最后显现。"[4]

尼采认为,在基督教道德中,反对生命的立场完全昭

---

1 《偶像的黄昏》:《苏格拉底问题》,本书第61页。
2 《偶像的黄昏》:《苏格拉底问题》,本书第65页。
3 《偶像的黄昏》:《苏格拉底问题》,本书第64页。
4 《偶像的黄昏》:《我感谢古人什么》,本书第150页。

然若揭了。这尤其表现在对欲望、激情即生命本能的敌视上。"教会用名副其实的切除来克服激情：它的策略、它的'治疗'是阉割。它从来不问：'怎样使欲望升华、美化、圣化？'——它在任何时代都把纪律的重点放在根除（根除感性、骄傲、支配欲、占有欲、复仇欲）上。——但是，从根上摧残激情就意味着从根上摧残生命：教会的实践是与生命为敌……"[1]一个显著例子是仇视性，视之为不洁之物，这不啻是"把污秽泼在源头上，泼在我们生命的前提上"。[2]这种情况在中世纪最为严重，中世纪的教会是一所驯兽场，用驯化野兽的方法来"改善"人，使人变得有病、虚弱，也就是所谓有道德。[3]尼采因此断言："'上帝的疆域'在哪里开始，生命便在哪里结束。"[4]

到了现代，尼采把叔本华哲学当作反自然的道德的典型，指斥他"虚无主义地根本贬低生命"，而他的以同情为核心的道德学说更是与基督教道德一脉相承的"道德领域的真正颓废运动"。[5]

1　《偶像的黄昏》：《作为反自然的道德》，本书第75页。
2　《偶像的黄昏》：《我感谢古人什么》，本书第153页。
3　参看《偶像的黄昏》：《人类的"改善者"》，本书第90页。
4　《偶像的黄昏》：《作为反自然的道德》，本书第77页。
5　《偶像的黄昏》：《一个不合时宜者的漫游》，本书第131页。

3. 道德作为生命类型的征兆

为什么道德会有肯定生命和否定生命这两种不同的类型？尼采认为，根源在于生命的类型不同。对生命是肯定还是否定，本身都不是真理，"它们仅仅作为征兆而有价值"[1]，"活着的人对于生命的谴责归根到底只是一定类型的生命的征兆"[2]。质言之，健康的、上升的生命就会实行健康的道德，病弱的、衰退的生命就会实行反自然的道德。

古希腊人在本能强大时实行的是健康的道德，到了苏格拉底时代，反自然的道德开始占据上风，这是"有病理学根源的"[3]。不但哲学家本身是"希腊精神的颓废派"，而且在整个希腊，从前那种强大的生命本能已经衰退，陷入紊乱状态，人们变得敏感、怯懦、反复无常，因而"有太多的理由要听任道德向自己说教"。[4]哲学家被称为最智慧的人，可是，这些最智慧的人来到人间，仿佛是为了传播对生命的怀疑和厌倦。尼采讽刺道："也许智慧出现在世界，就像一只闻到了腐尸气息而兴奋的乌鸦？"[5]

历来人们在试图振兴道德时总是警告说：一个民族会因罪恶和奢侈而灭绝。尼采认为，这种说法犯了混淆因果的谬误，

---

1 《偶像的黄昏》：《苏格拉底问题》，本书第60页。
2 《偶像的黄昏》：《作为反自然的道德》，本书第77页。
3 《偶像的黄昏》：《苏格拉底问题》，本书第64页。
4 《偶像的黄昏》：《我感谢古人什么》，本书第151页。
5 《偶像的黄昏》：《苏格拉底问题》，本书第59—60页。

把原因和结果颠倒了。他纠正说,"当一个民族衰微,在生理上退化,接踵而至的便是罪恶和奢侈",因为"这意味着需要愈来愈强烈和频繁的刺激,犹如每个耗竭的天性所熟悉的"。是生命衰败导致了疾病侵入,而不是相反。一切恶都是"本能衰退和意志解体的结果",才使得抵抗恶如此艰难。相反,"一切善都是本能——因而都是容易的、必然的、自由的。"[1]

尼采所推崇的健康生命,是本能强大和意志强大的统一,在他看来二者是一回事,本能强大者必能自我支配。相反,意志不能支配本能,一定是本能出了毛病,于是或者失控,即纵欲,或者只好依靠过激手段加以压制,即禁欲,这两种极端状态都暴露了生命的衰败。"过激手段仅为衰退者所必需;意志的乏弱,确切地说,无能对一种刺激不作反应,本身只是衰退的另一种形式。"[2]

4. 从总体生命的利益出发

近代以来,在道德领域一直有利己主义和利他主义之争。尼采对利他主义持否定的态度,而张扬自私的价值。在他看来,所谓自私,即趋利避害,原是健康生命的本能,因此他

---

[1] 《偶像的黄昏》:《四种大谬误》,本书第82页。
[2] 《偶像的黄昏》:《作为反自然的道德》,本书第75页。

把否定自私的利他主义也看作生命衰败的征兆。"一种'利他主义'道德,一种使自私萎缩的道德,在任何情况下都始终是一个坏征兆。这一点适用于个人,这一点绝对适用于民族……本能地择取对己有害的东西,受'无私的'动机吸引,这差不多为颓废提供了公式。'不谋私利'——这纯粹是一块道德遮羞布,用来掩盖一个完全不同的事实,即'我不再懂得找到我的利益'这一生理事实……"[1]

原则上应该肯定自私的价值,反对"无私"的说教,但是,对自私不可一概而论。在《查拉图斯特拉如是说》中,尼采区分了"健康的自私"和"病态的自私"。[2] 在本书中,他进一步提出一个衡量自私的价值的尺度。这个尺度依据他对个人与人类的关系的一个独特看法:"个人绝非自为的,不是一个原子,不是'链中之一环',绝不仅仅是过去的遗传物——他还是到他为止人的一条完整的路线本身……"人类的总体生命始终存在着上升路线和下降路线的斗争,人类的命运将由这个斗争决定。在这个斗争中,任何个人都不是孤立的存在,必定体现其中的一条路线。因此,衡量一个人的自私有无价值的标准,就是看他体现的是上升路线还是下降路线。"如果他体现上升路线,那么事实上他的价值是异乎寻常的——而为了那个凭借他而继续迈进一步的总体生命的利

---

[1] 《偶像的黄昏》:《一个不合时宜者的漫游》,本书第127页。

[2] 参看《查拉图斯特拉如是说》:《赠予的道德》《三种恶》。KSA,第4卷,第98、238页。

益，可以极端地关心他的最佳条件的保持和创造。"相反，"如果他体现下降、衰落、慢性的蜕化、疾病，那么他甚无价值，而且最高公正要求他尽可能少向发育良好者挪用"。[1]总之，根本的出发点是"总体生命的利益"。

在尼采那里，"生命"这个概念的含义是相当模糊的，即使在他强调其生理学的含义之时，其实也不只是指物质性的生命，更多的是指内在的生命力，体现在生存状态和文化创造上。当他谈论人类的总体生命时，更是如此。个体生命的价值，仅在于对这个意义上的总体生命有所助益。因此他主张，当疾病导致生命不再对此有所助益之时，就应该自愿地选择死去，并授予医生相应的权利。尼采可能是最早提倡安乐死的人之一，而他的理由是：这是"上升生命的最高利益"所要求的。他指出："在生命的意义和生命的权利业已丧失之后，卑怯地依赖医生和医术苟活，理应在社会上招致深深的蔑视。"这种情形下的死是"在最可蔑视的条件下的死，一种不自由的死，一种不适时的死，一种懦夫的死"。懂得生命尊严的人不该如此。"一个人应当出于热爱生命而希求另一种死，自由，清醒，并非偶然，并非猝不及防。""当不再能骄傲地活着时，就骄傲地死去。自愿选择的死，适时的死，心境澄明而愉悦，执行于孩童和见证之中，因而能在辞别者还在场的情形下作一个真正的告别，同时也对成就和意愿作一个真

---

[1] 《偶像的黄昏》：《一个不合时宜者的漫游》，本书第 126 页。

正的估价，对生命作一个总结[1]。"我们由这些论述可以体察到，尼采所张扬的"生命"，注重的是生命的品质，对于个人和人类都是如此。为了人类总体生命具备优良的品质，生命品质不好的个体应该被淘汰，个体也应该在生命品质无望好转的情况下自做了断。

5. 清除罪与罚的概念，确立生成的无罪

在本书中，尼采对于道德作用于人心的机制也进行了分析。从心理学上看，此种作用乃是借助于"幻想原因的谬误"。人心普遍具有一种原因冲动，即"希望有一个理由，来解释我们何以处于某某状态——我们何以处于好的状态或处于坏的状态"。原因冲动是由恐惧感引起的，未知之物使人感到危险、不安、忧虑，为了消除这种令人痛苦的状态，需要原因的解释，而且是一定种类的原因，借之可以最迅速有效地消除陌生之感。"整个道德和宗教领域都属于幻想原因的范畴"，比如用敌对的生灵、犯禁的行为、惩罚和报应来解释坏的状态，用相信上帝、行为端正、基督教美德来解释好的状态。[2]

进一步分析，把状态的好坏归结为道德的原因，其中贯穿着寻找责任者并加以惩罚的意图。"一个人把自己的坏处

---

1 《偶像的黄昏》：《一个不合时宜者的漫游》，本书第128页。
2 参看《偶像的黄昏》：《四种大谬误》，本书第84、85、86页。

境归罪于别人还是自己——前者如社会主义者，后者如基督徒——并无真正的区别。两者的共同之处，我们也可以说是不体面之处，便是有人受苦，就应当有人为此负责——简言之，便是受苦者为自己开一服解苦的复仇蜜糖。"[1] 所以，实质上是一种道德审判。

对人的道德审判以两个假设为前提：一、人有一种确定的本质，因此有一种符合这个本质的"理想的人"的样本；二、人有自由意志，因此可以让自己成为符合这个理想样本的人，而背离这个样本就是自造的罪恶，就要受到惩罚。尼采对这两个假设进行了批驳。

首先，人并没有一种确定的本质。"没有谁能把人的特性给予人，无论是上帝、社会、他的父母和祖先，还是他自己"，这最后一项，尼采说明是指康德所说的"理性的自由"。"他不是一个特别意图、一个意志、一个目的的产物，不能用他去试验以实现一种'人的理想'，或一种'幸福的理想'，或一种'道德的理想'——想要按照某一目的铸造他的天性是荒谬的。"否定了世界的先验本质以及由此推导出的人的本质，人就无须再要对自己不符合这个本质承担责任了，尼采说："这才是伟大的解放——生成的无罪借此才重新确立起来。"[2] 现实中的人的类型是丰富多彩的，道德家依据抽象的"人的理想"要求"人应当是如此这般的"，或者责难"人

1　《偶像的黄昏》：《一个不合时宜者的漫游》，本书第126页。
2　《偶像的黄昏》：《四种大谬误》，本书第88页。

应该是别种样子的",乃是很可笑的。[1] "为人辩护的是他的现实——它永远为他辩护……与随便哪个理想的人相比,现实的人何其有价值。"[2]

其次,并不存在自由意志。人不但没有先验的本质,而且也不能自由地选择和决定自己的存在。"个人是命运的一个片断,承前启后,对于一切既来和将来的事物是一个法则,一个必然性。对他说'改变你自己'就意味着要求一切事物都改变,甚至是朝后改变……"[3] "没有谁可以对以下情形负责:他存在了,他是被造成如此这般的,他处在这样的情形和环境之中。他的天性的宿命不能从一切已然和将然之物的宿命中脱离出来……某人是必然的,某人是命运的一个片断,某人属于全,某人在全之中——没有什么东西可以判决、衡量、比较、责难我们的存在,因为这意味着判决、衡量、比较、责难全……然而在全之外无物存在!"[4]

一面否定人有确定的本质,一面强调个人是命运的一个片断,其品性和存在状况是一种宿命,二者是否自相矛盾呢?其实并不,二者说的是不同的事。前者是说,作为一个类,人没有先验的普遍本质,因此不能由此引出某种抽象的标准对人进行道德审判。后者是说,个人并无决定自己品性和存在状况的自由,因此也不能以意志自由为理由对人

---

1 《偶像的黄昏》:《作为反自然的道德》,本书第78页。
2 《偶像的黄昏》:《一个不合时宜者的漫游》,本书第125页。
3 《偶像的黄昏》:《作为反自然的道德》,本书第79页。
4 《偶像的黄昏》:《四种大谬误》,本书第88页。

进行道德审判。不同于后来存在主义者由不存在先验本质得出意志自由的结论，尼采把个人看作宇宙生成过程的一个片断，其存在是无限时空因果关系之网上的一个点，个人既然不能支配这整个因果关系之网，也就不能决定自己的存在状况。在这里，他仍是着眼于"生成的无罪"，宇宙生成过程是超越善恶的，因此作为其中一个片断的个人之存在也是超越善恶的。尼采完全不是一个机械决定论者，他的用意是要彻底剥夺进行道德审判的一切借口，而意志自由是一个最常用的借口。"无论何处，凡有要人承担责任的意图，往往可以发现那里有惩罚欲和审判欲的本能。如果某某状况被追溯到意志、目的、承担责任的行为，人就被剥夺了他的无罪的生成：意志学说实质上是为了惩罚，即为了寻找罪恶的愿望而被发明的……人被认为是'自由'的，以便可以加以判决和惩罚——以便可以成为有罪的。"[1]

在本书中，尼采多次自称为"非道德主义者"，但他强调："我们非道德主义者是否给德行造成了损害？——恰与无政府主义者给君主们造成的损害一样少。只是在被行刺之后，君主们才又坐稳了王位。道德：人们必须行刺道德。"[2] 行刺道德是为了让道德坐稳王位，当然，那应该是一种全新的道德、健康的道德，其鲜明特征就是肯定生命，作为一个生命，应该良心坦荡，毫无罪恶感，这才称得上是自由。尼采把"非

---

[1] 《偶像的黄昏》：《四种大谬误》，本书第87页。
[2] 《偶像的黄昏》：《格言与箭》，本书第57页。

道德主义者"的使命归结为:"从世上清除罪与罚的概念,力求使心理、历史、自然、社会机构及其制裁纯洁化。"[1]换一种表达:"让我们面对自己的行为毫不怯懦!让我们不厌弃自己的行为!——良心的折磨是不体面的。"[2]一语以蔽之,就是重新确立"生成的无罪"之信念。

---

[1] 《偶像的黄昏》:《四种大谬误》,本书第87页。
[2] 《偶像的黄昏》:《格言与箭》,本书第51页。

三、本体世界是理性的虚构

1. 道德偏见和理性崇拜

在本书中，尼采批判的重点，一是道德，二是理性，而在他看来，这二者是有密切联系的。自柏拉图以来，西方传统形而上学一直坚持世界的二分模式，即认为感官所触知的变化不居的世界是"虚假的世界"，理性所把握的永恒不变的世界才是"真正的世界"。尼采指出，这种否定感官和崇拜理性的立场本身就是道德偏见。

世间万物原是变化不居的，但是，哲学家们预设了一个立场，认定变化为不正常，只能是假象，背后必定有一个不变的东西，那才是真正的存在者。认为变化者没有价值，不变者才有价值，这本身已经是一个道德判断。然而，我们为什么不能感知那个真正的存在者呢？是谁欺骗了我们？尼采形象地描绘说，哲学家们纷纷寻找骗子，终于欣喜地大叫："我们找到它了，它就是感性！这些感官，它们一向也是如此不道德，正是它们向我们隐瞒了真正的世界。"与这个立场针锋相对，尼采指出："只要感官显示生成、流逝、变化，它们就没有说谎","只是在我们对它们的证据进行加工时,才在其中塞进了谎言,例如统一的谎言,物性、实体、持续的谎言"。所以,"理性是我们篡改感官证据的根源",是"理性的偏见驱使我们设置统一、同一、持续、实体、始因、物性、存在,在一定程度上把我们卷入错误,强制我们发生错误"。[1]

概念是抽象的产物,而哲学中那些所谓"最高的概念"是整个抽象过程最后到来的东西。但是,哲学家们混淆始末,把这最后到来的东西,亦即最普遍、最空洞的概念,一开始就作为开端,作为"第一因"。"这又不过是他们那种崇敬的表现:高级的东西不允许从低级的东西中生长出来,根本不允许生长而成……道德:一切第一等级的事物必须是自因……一切最高价值都属于第一等级,一切最高概念,存在者,绝对者,善,真,完美——这一切不可能是生成的,所以必须是自因……于是他们有了'上帝'这个惊人的概念……最后的、最稀薄的、最空洞的东西被设为最初的东西,自因,最真实的存在。"[2]

理性范畴具有主观确定性,而经验是不确定的,哲学家们因此断定,这些范畴不可能源自经验。"那么它们源自何处?无论在印度,还是在希腊,人们做出了相同的错误推论:'我们必定曾经在一个更高级的世界里居住过……我们必定

---

[1] 参看《偶像的黄昏》:《哲学中的"理性"》,本书第67、68、69页。
[2] 《偶像的黄昏》:《哲学中的"理性"》,本书第68页。

曾经是神圣的，因为我们有理性！'"[1]由此可见，道德偏见驱使哲学家们否定感性和变化的现象，崇拜理性和不变的范畴，要为后者设置一个神圣的来源，于是虚构了一个神圣的本体世界，印度人称之为梵天，柏拉图称之为理念世界，基督教称之为上帝。

道德偏见导致概念迷信，而概念迷信则导致对丰富多彩的真实事物的扼杀。尼采尖锐地指出："几千年来凡经哲学家处理的一切都变成了概念木乃伊；没有一件有生命的真实的东西出自他们之手。这些概念偶像的侍从先生，当他们崇拜之时，他们是在宰杀，是在剥制标本。——当他们崇拜之时，他们使一切事物有了生命危险。"[2]

2. 由虚构"主体"到虚构"实体"

尼采常谈论"形而上学的心理学"[3]，指对形而上学虚构的心理根源进行分析。在形而上学的虚构中，逻辑尤其同一律和因果律这两个基本的逻辑定律起着关键的作用。逻辑原是理性用以整理经验材料的工具，同一律和因果律本身就是知

1　《偶像的黄昏》：《哲学中的"理性"》，本书第70页。
2　《偶像的黄昏》：《哲学中的"理性"》，本书第66页。
3　Friedrich. Nietzsche, *Der Wille zur Macht*. Tübingen 1952.（弗里德里希·尼采：《权力意志》，图宾根，1952年）.第391、392页。以下引此书缩写为 WM。

性的虚构，却成了哲学家们看世界的支配性模式。他们囿于同一律而寻求世界持存不变的本质，囿于因果律而寻求现实世界背后的终极原因，结果都导致"真正的世界"的虚构。进一步分析可发现，二者又根源于对内心世界的错误解释，由"意识"的虚假统一性造成"同一"观念，由"意志""自我""主体"发动行为之错觉造成"因果"观念。在本书中，尼采着重分析后一方面。

尼采认为，"原因"的虚构是"内在经验"的基本事实，是我们整理内心过程以形成"意识"的关键一着。我们的内心状态，无论是感觉、知觉还是思想，其真正的原因深藏在无意识之中，不被我们所知。我们总是为一定的内心状态另外发明一个原因，它与真正的原因绝对不相符合，但唯有在此之后，我们才意识到这状态。"只是简单地确认我们处于某某状态的事实，这从来不能使我们感到满足。只有当我们给这一事实提供一种动机说明之时，我们才容忍它，即意识到它。"[1]

在"原因"的虚构中，有三个所谓"内心事实"被视为因果关系的保障，这就是：第一，意志是一切行为的发动者；第二，行为的动机在意识（精神）中；第三，自我是思维的主体。三者之中，意志最基本，因为行为由意志发动似乎是一个最显而易见的事实，"我们相信自己在意志的行为中是原因；我们认为至少在这一场合当场捕获了因果关系"。"在这三个似乎作为因果关系的保障的'内心事实'中，第一个且

---

[1] 《偶像的黄昏》：《四种大谬误》，本书第84页。

最有说服力的事实是意志即原因；意识（'精神'）即原因的观念以及更后面的自我（'主体'）即原因的观念纯粹是派生的，是在意志把因果关系确定为既定事实、为经验之后产生的。""意志发动行为"奠定了一个基本模式：一切行为必有行为者。"最古老悠久的心理在这里起作用，它别无所为，对它来说，每个事件都是一个行为的结果，每个行为都是一个意志的结果，世界化身为许多行为者，有一个行为者（一个'主体'）悄悄潜伏在每个事件背后。"在确定"意志"发动行为之后，"意识"为之提供动机，"自我"为之提供承载者。[1]

在如此错误解释了内心世界之后，"人从自身投射出他最坚信不疑的三个'内心事实'，即意志、精神、自我——他由'自我'概念才得出'存在'概念"，以及"物""原子""物自体""上帝"等一切代表"实体"的概念。值得注意的是，尼采早已从哲学上看清基本粒子理论站不住脚，如此讽刺道："甚至连你们的原子，我的机械论者和物理学家先生们，有多少谬误、多少退化的心理尚残存在你们的原子里！"[2]任何"实体"概念都是"主体"概念的外推，首先是信仰作为存在、作为实体的"自我"，然后把对于"自我—实体"的信仰投射于万物，借此才创造了"物"这个概念，"从'自我'概念之中方才引申、派生出了'存在'概念"。[3]在否定了"主体"概念

---

[1] 参看《偶像的黄昏》：《四种大谬误》，本书第83页。
[2] 《偶像的黄昏》：《四种大谬误》，本书第83页。
[3] 《偶像的黄昏》：《哲学中的"理性"》，本书第69页。

之后,"实体"概念也就不能成立了。正像行为背后并无一个行为者一样,现象界背后并无一个作为第一因的本体界。

3. 语言形而上学

由于错误地解释内心现象,产生了意志、精神、自我等代表"主体"的概念,将之外推而产生了物、上帝、存在等代表"本体"的概念,由此形成了形而上学之虚构。若要更进一步问,我们为何会错误地解释内心现象,尼采认为,根源在语言之中。"语言就其起源来说,属于心理最退化的形式的时期:当我们意识到语言形而上学的基本假设——直截了当地说便是理性——之时,我们便进入一种野蛮的拜物生灵之中了。""语言中的'理性':一个多么欺诈的老妪啊!我担心我们尚未摆脱上帝,因为我们还信仰语法……"[1]在这里,尼采把理性称作"语言形而上学的基本假设",因为理性所制定的逻辑定律源自语法,我们的思维不自觉地受语法支配,在语言中潜藏着形而上学虚构的至深根源。

为行为安设一个行为者,实际上就是为谓语安设一个主语,正是语法的主谓结构造就了逻辑的因果范畴。尼采在本书中没有展开这个话题,但在同时期的遗稿中有大量论述。他指出,对因果范畴的信仰,仅是对主谓结构的信仰的个别例子。

---

[1] 《偶像的黄昏》:《哲学中的"理性"》,本书第70页。

"在每个判断中,都包含着对主语与谓语或原因与结果(断定每个作用都是行为,每个行为都有行为者)的十足的、完全的、根深蒂固的信仰;后一信仰甚至只是前一信仰的个别例子,以致只剩下了这个信仰作为基本信仰:存在着主语,一切发生的事情都以谓语的方式从属于某个主语。"[1]尼采认为,无论内心世界,还是外部世界,凡发生着的事件都是生成和流变,背后并没有一个不变的实体。可是,语言的主谓结构使我们习惯于把生成和流变表述为谓语,又以主语的方式为这生成和流变添加了一个不变的实体作为其原因,意志、自我和物、上帝等概念皆属此类。因此,形而上学虚构归根到底是对主语的信仰,是被语法这个"欺诈的老妪"蒙蔽的产物。

关于语言导致形而上学虚构,尼采还有一个重要揭示,就是 sein 一词在此虚构中所起的作用。系词 sein(being,是,在)是日常语言中使用得最频繁的一个词,视其上下文而有不同的用法,分别表达相同、归属、包含等关系,或表达一个关于存在的判断。脱离上下文,它就毫无意义。当爱利亚学派把 sein 从一切表达式中抽取出来,作为一个哲学范畴,用它说明万有的本质之时,西方哲学史上第一个形而上学体系便初步建立起来了。尼采指出:"存在(das Sein)是一个空洞的虚构。"然而,"事实上,迄今为止,没有什么东西比'存在'的错误具有更为朴素的说服力量,一如爱利亚学派所建立的那样,因为我们说的每个词、每句话都在为它

---

[1] WM,第550节,第372页。

辩护！——连爱利亚学派的对手也受到了他们的存在概念的诱惑：德谟克利特便是其中一例，他发明了他的原子……"[1] 尼采始终把"存在"和"生成"（das Werden）视为相对立的范畴。在爱利亚学派那里，"存在"范畴的主要含义正在于排斥生成，而后来的形而上学家们所提出的一切本体论范畴，如柏拉图的"理念"，德谟克利特的"原子"，在排斥生成这一点上均继承了"存在"范畴的含义。可以说，把系词 sein 名词化，由于 sein 的普遍使用而把 das Sein 视为世界的普遍本质，乃是柏拉图主义的真正开端。这是现代分析哲学家们津津乐道的一个话题，而这个话题实在是由尼采首先提出来的。

以今日的眼光看来，尼采的语言批判尤其值得注意，可以说是尼采哲学中最富于现代特点的内容之一。他步步深挖形而上学的根源，终于发现已经化作种族心理结构的语法结构是形而上学最重要的一个心理根源，从而把语言问题作为一个重大哲学问题提了出来。对于语言问题的重视，正是现代西方哲学的显著特点。

4. 不存在"真正的世界"

传统形而上学的世界二分模式把变动不居的现象世界判

---

[1] 《偶像的黄昏》：《哲学中的"理性"》，本书第 70 页。

为"假象"的世界，虚构了一个不变的本体世界作为"真正的世界"。尼采从道德偏见和理性崇拜两方面揭示了这一虚构的根源，得出结论："'假象'的世界是唯一的世界；'真正的世界'只是编造出来的。"[1]

尼采自己认为，这是一个全新的、根本性的认识，是向整个传统形而上学的挑战。他把这个认识归纳成四个命题。第一命题："将'此岸'世界说成假象世界的那些理由，毋宁说证明了'此岸'世界的实在性——另一种实在性是绝对不可证明的。"第二命题："被归诸事物之'真正的存在'的特征，是不存在的特征，虚无的特征——'真正的世界'是通过同现实世界相对立而构成的。"第三命题："虚构一个'彼岸'世界是毫无意义的，倘若一种诽谤、蔑视、怀疑生命的本能在我们身上还不强烈的话。在相反的场合，我们是用一种'彼岸的''更好的'生活向生命复仇。"第四命题："把世界分为'真正的'世界和'假象的'世界……只是颓废的一个预兆，是衰败的生命的表征。"[2] 前两个命题强调，虚构"真正的世界"的理由不能成立。后两个命题强调，虚构"真正的世界"的实质是向现实的生命世界复仇。

本书中有一篇题为《"真正的世界"如何终于变成了寓言——一个错误的历史》的短文，尼采用诙谐的笔调描述了传统形而上学一步步衰落的历史。在柏拉图，"真正的世界"

---

1 《偶像的黄昏》：《哲学中的"理性"》，本书第 67 页。
2 《偶像的黄昏》：《哲学中的"理性"》，本书第 71 页。

是智者、虔信者、有德者现在就可以达到的。在基督教，变成了现在不可达到，但许诺给智者、虔信者、有德者。在康德，进而变成了不可达到、不可证明、不可许诺，但被看作一个安慰、一个义务、一个命令。到了实证主义，不再是安慰和义务，尼采称之为"拂晓""理性的第一个呵欠"。最后，到了尼采自己，天亮了，"真正的世界"作为一个无用的理念被废除了。但这还没有完，尼采接着问："我们业已废除真正的世界：剩下的是什么世界？也许是假象的世界？……但不！随同真正的世界一起，我们也废除了假象的世界！"这才是"正午：阴影最短的时刻；最久远的错误的终结；人类的顶峰"。[1] 废除了"真正的世界"，也就废除了世界的二元对立，只有一个世界，它是现象世界也是实存世界，因此不复是"假象的世界"。我们不禁想起佛的教导："舍利子！色不异空，空不异色。色即是空，空即是色。"尼采确实认为，色（现象界）空（本体界）二元对立是西方哲学"最久远的错误"，他为自己终结了这个错误而无比自豪。

---

[1]　KSA，第6卷，第81页。

四、时代的批判

在本书中,对时代的批判也是一个重要内容。看一个人是否健康,要看身心两个方面,即生命和精神的状态是否好,看时代也是如此。生命力是强健还是衰弱,有无强大的精神本能,是尼采评判时代的两个主要标准。在他看来,他那个时代的病症,一是生命力衰弱,二是精神本能退化,即生命和精神两方面都患病了。他心目中的伟大样板,是希腊悲剧时代和文艺复兴时代,二者都是有强健生命力和强大精神本能的时代。

1. 颓废:生命力的衰弱

在本书中,尼采常用"颓废"(décadence)一词描述现时代的特征,说他"给现代'进步'下的定义"是"一步步颓废下去",并把19世纪定性为"一个颓废世纪"。[1]所谓颓废,

---

1 《偶像的黄昏》:《一个不合时宜者的漫游》,本书第146页。

就是指生命力的普遍衰弱，突出地体现在以下方面。

一、同情的道德。同情的道德原是英国哲学家的主张，由亚当·斯密首先提出，认为人性中除了利己即趋乐避苦的本能，还有同情的本能，即对他人所受苦乐的同感，人类社会两种最基本的道德——正义和仁慈——便建立在同情的基础之上。叔本华受印度教和佛教的影响，从完全不同的角度为同情的道德论证，他的哲学以意志为世界的本体，万物皆是意志的现象，而同情便是在一切生命中认出这同一意志的高尚认识，它是一切真正的即无私的德行的泉源。尼采认为，近代这两种以同情为核心的道德学说，实质上都是基督教道德的变形。英国人声称同情是人的本能，似乎撇开了基督教谈论道德，其实"这本身也只是受基督教价值判断支配的结果，是这种支配强大和深刻的表现，以至于英国道德的根源被遗忘了"。[1]而"那个试图借叔本华的同情道德赋予自身以科学形态的运动——一个极不成功的尝试！——乃是道德领域的真正颓废运动，作为这样的运动，它与基督教道德深深地一脉相承"。[2]

尼采分析说，同情的道德在近代成为主流，这是"生命力普遍衰弱的结果之一"。因为衰弱，人们必须互相帮助，"每个人某种程度上都是病人，又都是护士"，这被叫作"德行"；可是在生命力充沛的人眼中，这只配被叫作"懦弱""可

---

[1] 《偶像的黄昏》：《一个不合时宜者的漫游》，本书第107页。
[2] 《偶像的黄昏》：《一个不合时宜者的漫游》，本书第131页。

怜""老太婆道德"。在生命力充沛的时代,习俗是严峻而可怕的,人们喜爱冒险、挑战、挥霍,把同情视为可鄙的品质。然而,因为习俗的柔化,"从前是生命的佐料的东西,对于我们却是毒药"。"我们的同情道德,我是第一个要人们警惕它的人,人们不妨称之为道德感伤主义,它是一切颓废者固有的生理过敏的一种表现。"总之,这是一个衰弱的时代,"我们的德行是由我们的衰弱所决定、所要求的"。[1]

二、平等的政治学说。由卢梭倡导,权利平等成为18世纪、19世纪政治理论和实践的主流,尼采认为,所谓权利平等是一种"事实上的雷同化","本质上属于衰落"。他说:"人与人、阶层与阶层之间的鸿沟,类型的多样化,自我实现、自我提高的意志,我称这一切为距离的激情,它们是每个坚强时代所固有的。如今,极端之间的张力和跨度日益缩小了——极端本身终于消失而成为雷同……"[2]可以看出,他反对平等学说,重点放在张扬个人的独特和优秀,而认为平等会导致个性的磨灭和人的平庸化。

三、虚假的"自由"。尼采抨击说:"人们得过且过,活得极其仓促——活得极其不负责任:却美其名曰'自由'。"[3]他强调,真正的自由,不是过舒适的日子,相反是"有自己承担责任的意志",为自己的事业而不在意艰难劳苦乃至牺牲生

---

[1] 《偶像的黄昏》:《一个不合时宜者的漫游》,本书第131页。
[2] 《偶像的黄昏》:《一个不合时宜者的漫游》,本书第132页。
[3] 《偶像的黄昏》:《一个不合时宜者的漫游》,本书第134页。

命。"自由人是战士",这样的人轻蔑地践踏一切平庸之辈"所梦想的可怜的舒适"。因此,"自由人的最高类型必须到最大阻力被不断地克服的地方去寻找:离暴政咫尺之远,紧挨被奴役的危险。"[1]

四、没有生命活力的生活方式。现代人的生活由两个部分组成,一个部分是疲惫的劳作,另一个部分是无所用心的娱乐。尼采讽刺说,被劳作折磨得迟钝的人们,"如今他们也要求享有艺术了,包括书籍尤其报刊——甚至美丽的自然,意大利","需要避暑、海水浴、滑冰、拜洛伊特"[2],用这些东西为自己催眠,让疲惫的身心复原。

2. 非精神化:精神本能的退化

时代的病症,另一个方面是精神本能退化。尼采写道:"17年来,我不知疲倦地揭露我们当代科学追求的非精神化的影响。科学的巨大范围今日强加于每一个人的严酷的奴隶状态,是禀赋更完满、更丰富、更深刻的天性找不到相应的教育和教育者的首要原因。我们的文化之受到损害,莫过于自负的游手好闲者和片断人性的过剩;我们的大学与愿相违

---

1 《偶像的黄昏》:《一个不合时宜者的漫游》,本书第133页。
2 《偶像的黄昏》:《一个不合时宜者的漫游》,本书第123—124页。

的是使精神本能如此退化的地道温室。"[1] 这段话表达了两个意思：一、现代科学追求的非精神化倾向导致了人性片面发展；二、这个情况在教育领域产生了恶果，便是缺乏人性丰满的好教育家，使得大学也成了加剧精神本能退化的场所。

精神本能的退化，最突出地体现在高等教育上。尼采十分关注教育，在早期著作《论我们教育机构的未来》中，已对德国教育机构的政治化、功利化倾向做了深刻批判，在这部晚期著作中，又回到了这个题目，重点放在批判德国的高等教育。他指出，"整个德国高等教育已经丢失了主要的东西——目的以及达到目的的手段"。高等教育的目的，本应该是教育和文化本身，即启迪心灵，培养高级文化人才，而现在降低成了职业训练，培养适宜于为国家效劳的工具。在手段上，若以文化本身为目的，"所需要的是教育家，而不是文科中学教师和大学学者"，这是"教育的第一前提"。两者的区别何在？尼采说，教育家是自我教育成的，有卓越、高贵的灵魂，能以身教言教体现真正的文化；相反，现在的教师是教育机构生产出来的，只是一些"博学的粗汉"和"高级保姆"。与此相关，高级文化人才总是少数，"高等教育仅仅属于例外者，一个人必须是特许的，才有权享有如此高级的特权"，而现在的大学却追求过高的入学率，高等教育因为普及而变得平庸。要之，大学的水平决定了一国文化的水平，由于高等教育的目的和性质发生

---

[1] 《偶像的黄昏》：《德国人缺少什么》，本书第96页。

蜕变，导致了德国文化的衰落。[1]

本书中有一则题为"出自一次博士考试"的札记，十分精彩。尼采如此写道："'一切高等教育的任务是什么？'——把人变成机器。——'用什么方法？'——他必须学会厌倦自己。——'怎样做到这一点？'——通过义务观念。——'谁是他在这方面的榜样？'——教人死记硬背的古典语文学家。——'谁是完人？'——国家官员。"[2] 我们不妨自问，尼采对他那个时代高等教育的这个辛辣讽刺，是否更像是针对我们今天整个学校教育的？

尼采对德国教育的批判，有一个大的语境，就是当时的德国政治状况。他活动的年代，正值第二帝国成立，德国作为一个大国崛起，铁血宰相俾斯麦推行对外扩张、对内强化国家机器的政策。当时，德国掀起了民族沙文主义的狂潮，"德国，德国高于一切"便是国歌里的一句歌词。上个世纪对尼采的误解，莫过于指责他鼓吹强权政治，其实他对强权政治是持鲜明的反对立场的。在他看来，强权政治是导致德国整体上非精神化的罪魁祸首，也是导致高等教育非精神化的根源之一。在本书《德国人缺少什么》这个篇章里，有两段重要论述值得比较完整地抄录。

其一："获取权力要付出昂贵的代价：权力使人愚蠢……德国人——一度被称为思想家民族，如今他们究竟还思索

---

[1] 参看《偶像的黄昏》:《德国人缺少什么》，本书第98—99页。
[2] 《偶像的黄昏》:《一个不合时宜者的漫游》，本书第123页。

吗？——德国人现在厌倦精神，德国人现在猜疑精神，政治吞噬了对于真正精神事物的任何严肃态度——'德国，德国高于一切'，我担心，这已是德国哲学的末日……'德国有哲学家吗？德国有诗人吗？德国有好书吗？'在国外有人问我。我感到脸红，但以我即使在失望时也具有的勇气回答：'有的，俾斯麦！'"

其二："任何人的花费归根到底不能超过他所拥有的，个人如此，民族也如此。一个人把自己花费在权力、大政治、经济、世界贸易、议会、军事利益上，一个人向这些方面付出了理解、认真、意志、自我克制的能量，他就是这能量，那么，他在其他方面就必有短缺。文化和国家是敌对的……一切伟大的文化时代都是政治衰微的时代：文化意义上的伟大是非政治的，甚至是反政治的。"[1]

这两段话的表达异常清晰有力，不需要再做解释了。一言以蔽之，强权政治导致了德国在精神文化领域里的衰退。

精神本能的退化，还有一个突出的表现，就是现代人没有真正的信仰。尼采说："在我看来，今日没有什么比真正的虚伪更为罕见了……虚伪属于有强大信仰的时代，在那时，人们甚至在被迫接受另一种信仰时，也不放弃从前的信仰。今日人们放弃它；或者更常见的是，再添上第二种信仰——在每种场合他们都依然是诚实的。"对信仰抱满不在乎的态度，什么都可以信，什么都不是真信，这恰恰证明了现代人

---

[1] 《偶像的黄昏》：《德国人缺少什么》，本书第97页。

毫无信仰。在这种普遍的满不在乎的氛围里，有真信仰的人反而成了人们的笑柄。"今日一个人怎样才丢丑？在他矢志如一的情况下。在他一条路走到底的情况下。在他不模棱两可的情况下。在他秉性纯正的情况下……"[1]信仰的前提是灵魂的认真，有强大的精神本能，丢失了这个前提，信仰就成了一个最无关紧要的东西。

---

[1] 《偶像的黄昏》：《一个不合时宜者的漫游》，本书第116页。

五、美学的洞见

在本书中,尼采对美学问题发表了许多见解,下面做一个简要的概述。

1. 人是美的尺度

美完全是一种人类现象,根本不存在所谓客观的、自在的美。在审美的升华中,人作为一个物种的自保和繁衍本能依然发生着作用。"在美之中,人把自身树为完美的尺度",借此肯定自己。是人把美赠予了世界,从而把世界人化了。"归根到底,人把自己映照在事物里,他又把一切反映他的形象的事物认作美的。"[1]

人是美的尺度,那么,人判断美和丑的尺度又是什么呢?尼采说:"没有什么是美的,只有人是美的:在这一简单的真理上建立了全部美学,它是美学的第一真理。我们立刻

---

[1] 《偶像的黄昏》:《一个不合时宜者的漫游》,本书第117页。

补上美学的第二真理：没有什么比衰退的人更丑了——审美判断的领域就此被限定了。"在人身上，生命的蓬勃最使人觉得美，生命的衰退最使人觉得丑。这是人的族类本能在下判断。面对种种衰退的征兆，"一种憎恶之情油然而生：人憎恶什么呢？毫无疑问，憎恶他的类型的衰落。他出于至深的族类本能而憎恶；在这憎恶中有惊恐、审慎、深刻、远见——这是世上最深刻的憎恶"。[1]

尼采强调美与性的关联。性，当然直接关系到族类的保存和繁衍。叔本华说，美使人摆脱性欲，是对生殖冲动的否定。尼采嘲笑说，大自然本身就反驳了这种奇谈，在大自然里，声音、颜色、气味、有节奏的运动等的美都是为求偶而显现的。"一切美都刺激生殖——这正是美的效果的 proprium（特性），从最感性的上升到最精神性的。"是的，不但刺激肉体性质的生殖，而且刺激精神性质的生殖，比如哲学和文学。哲学，柏拉图是典型的例子，他坦言，是雅典美貌青年的流盼使哲学家的灵魂情意缠绵，荡漾不宁，直到它把一切崇高事物的种子栽入这片美丽的土壤里。尼采用了一个词来形容这种冲动，叫"哲学情欲"。文学，法国文学是典型的例子，"古典法国的全部高级文化和文学，都是在性兴趣的土壤上生长起来的。在其中人们随处可以寻找献殷勤、性感、性竞争、

---

[1] 《偶像的黄昏》:《一个不合时宜者的漫游》，本书第 118 页。

'女人'——绝不会徒劳地寻找的"[1]。

2. 醉是审美的心理前提

在论述艺术家心理时，尼采写道："为了艺术得以存在，为了任何一种审美行为或审美直观得以存在，一种心理前提不可或缺：醉。"唯有醉提高了整个机体的敏感性，才会有艺术。醉有许多种类，例如性冲动、节庆、竞赛、春天、饮酒的醉等，而最高级的是"一种积聚的、高涨的意志的醉"。"醉的本质是力的提高和充溢之感。出自这种感觉，人施惠于万物，强迫万物向己索取，强奸万物——这个过程被称作理想化。""在这种状态中，人出于他自身的丰盈而使万物充实……处于这种状态的人改变事物，直到它们反映了他的强力——直到它们成为他的完满之反映。这种必须变得完满的状态就是——艺术。"[2] 在这里，尼采强调两点：一、创作欲源自艺术家内在精神能量充沛的状态，这种状态叫作醉；二、艺术创作不是反映事物，而是改变事物，使之能够反映艺术家的这种内在状态。

还有一点值得注意。在《悲剧的诞生》中，尼采用日神

1　参看《偶像的黄昏》：《一个不合时宜者的漫游》，本书第119—120页。
2　参看《偶像的黄昏》：《一个不合时宜者的漫游》，本书第109—110页。

和酒神这两个概念解释艺术，而认为日神是梦的状态，酒神是醉的状态。现在，他把日神和酒神都归结为醉的状态了，明确地说"二者被理解为醉的类别"。日神的醉，使眼睛获得幻觉能力，于是有了绘画和雕塑。酒神的醉，是整个情绪系统的亢奋，于是有了音乐。[1] 在《悲剧的诞生》中，酒神也是被看作本原，而日神是派生的，现在用醉来统一两者，逻辑上更清晰了。

3. 艺术是生命的伟大兴奋剂

尼采明确反对"为艺术而艺术"的口号。提出这个口号，本意是反对把艺术隶属于道德，他对此表示理解，但认为这个立场仍是受到了成见的支配。广义地理解道德，艺术应该是有一个道德的目的的，这就是改善人性。他质问道："全部艺术何为？它不赞美吗？它不颂扬吗？它不选择吗？它不提拔吗？它以此加强或削弱某种价值评价。"艺术"是生命的伟大兴奋剂：怎么能把它理解为无目的、无目标、为艺术而艺术的呢？"正确的立场不是为艺术而艺术，而是为人生而艺术。

这会发生一个问题：悲剧艺术表现的是生命的严酷可疑

---

[1] 参看《偶像的黄昏》:《一个不合时宜者的漫游》，本书第110—111页。

的方面，它岂不好像是在诉病生命？尼采回答说："面对一个强大的敌人，面对一种巨大的不幸，面对一个令人恐惧的问题，而有勇气和情感的自由——这样一种得胜的状态，被悲剧艺术家选中而加以颂扬。在悲剧面前，我们灵魂里的战士庆祝他的狂欢节。"[1]悲剧艺术颂扬生命的无所畏惧，正是在悲剧艺术中，艺术作为生命伟大兴奋剂的作用得到了最高体现。

4. 酒神精神

写作本书时，尼采处在精神失常的前夕，突然满怀激情地回顾他的处女作《悲剧的诞生》，称之为"我的第一个一切价值的重估""我的愿望和我的能力由之生长的土地"。他为他是理解奇妙的酒神现象的第一人而感到自豪，自称是"哲学家狄俄尼索斯的最后一个弟子"。[2]

在《悲剧的诞生》中，尼采是从古希腊酒神秘仪中找到理解悲剧情感的钥匙的，现在他对此加以简明扼要的解说。酒神秘仪的特点，一是性，二是痛苦，人们在性的放纵和痛苦的宣泄中狂欢。它的象征意义也有二，一是"通过性的神秘而延续的总体生命"，二是圣化痛苦，"永恒的创造喜悦"以

---

[1] 《偶像的黄昏》：《一个不合时宜者的漫游》，本书第121页。
[2] 《偶像的黄昏》：《我感谢古人什么》，本书第154页。

痛苦为条件,"生命意志以此而永远肯定自己"。[1] 前提是洋溢着生命感和力感的酒神状态,那么,在这种状态中,"连痛苦也起着兴奋剂的作用"。你必须自己"成为生成之永恒喜悦本身",然后,你就会体会到,"这种喜悦在自身中也包含着毁灭之喜悦"。[2] 立足于总体生命,全盘肯定生命,包括肯定生命必然包含的个体的痛苦和毁灭,这就是酒神精神。

在本书中,尼采对酒神精神给出了两个明确的定义,那是在《悲剧的诞生》中看不到的,录下备考。

其一:"肯定生命,哪怕是在它最异样最艰难的问题上;生命意志在其最高类型的牺牲中,为自身的不可穷竭而欢欣鼓舞——我称这为酒神精神,我把这看作通往悲剧诗人心理的桥梁。"[3]

其二:"这样一个解放了的精神带着快乐而信赖的宿命论置身于万物之中,置身于一种信仰:唯有个体被抛弃,在全之中万物得到拯救和肯定——他不再否定……然而一个这样的信仰是一切可能的信仰中最高的:我用酒神的名字来命名它。"[4]

1　《偶像的黄昏》:《我感谢古人什么》,本书第153页。
2　《偶像的黄昏》:《我感谢古人什么》,本书第154页。
3　《偶像的黄昏》:《我感谢古人什么》,本书第154页。
4　《偶像的黄昏》:《一个不合时宜者的漫游》,本书第145页。

偶像的黄昏

或怎样用锤子从事哲学思考[1]

---

1 《偶像的黄昏》是尼采的晚期著作,于1889年出版。原书题为 *Götzen-Dämmerung oder Wie man mit dem Hammer philosophirt*,全译为《偶像的黄昏或怎样用锤子从事哲学思考》。

前言

当一个人陷入一件阴郁而责任极其重大的事情之中时，保持愉快心情就绝非微不足道的本领；而且，还有什么东西比愉快心情更为必需呢？没有高昂的情绪，就没有一件事情会成功。只有力的过剩才是力的证明——**重估一切价值**，这个问号如此阴森可怕，它的阴影笼罩在它的提出者身上——负此大任的命运每时每刻迫使他奔到阳光下，抖落掉身上沉重的、愈来愈过分沉重的严肃性。为此每种手段都属正当，每个"事件"都是幸事。**战争**尤其如此。战争始终是一切过于内向深沉的心灵的伟大智慧；在它的伤害中即已经有疗效。有一句格言，我要向博学的好奇心隐瞒其出处，长久以来它一直是我的座右铭：

increscunt animi, virescit volnere virtus（心灵借创伤生长，人格借创伤坚强）。

另一种疗养方式也许更令我喜欢，这就是**探听偶像的底细**……世界上偶像多于真身。这是我看这世界的"**毒眼**"，也是我听这世界的"**毒耳**"……在这里，用**铁锤**提问一下，也许回答就是从便便大腹中发出的那著名的瓮声——这在一只耳朵后面还长着耳朵的人看来，在我这个老心理学家和捕鼠者看来，是多么愉快的事，正是在我面前，那决心三缄其口的东西**不得不大声喧哗起来**……

这本书——正如标题所表明的——主要也是一次消遣，一颗太阳黑子，一位心理学家在游手好闲中的一个恶作剧。也许还是一场新的战争？并且探听到了新偶像的底细？……这本小册子是一个**伟大的宣战**；至于说到被探究的偶像，那么，这一回却不是一时的偶像，而是**永恒的**偶像，它们在这里被我用铁锤触动，如同用一把音叉触动一样——绝不会有更古老、更被人坚信和夸耀的偶像了……也不会有更空洞的偶像了……这并不妨碍它们**最为人信仰**；而且据说，尤其是在最高贵的场合，它们完全不是偶像……

弗里德里希·尼采于都灵

1888 年 9 月 30 日

(《一切价值的重估》第一卷完稿之日）

格言与箭

1

游手好闲乃是全部心理学的开端。怎么?心理学会是一种——恶习?

2

即使我们之中最勇敢的人,对于他原本**知道**的事情也只有很少的勇气……

3

亚里士多德说:人要独居,必须是野兽或神。忽略了第三种情形:必须同时是二者——**哲学家**……

4

"一切真理都是单纯的。"——这不是一个双重谎言吗?

5

我对许多事情永远**不想**知道。——智慧给认识也划出了界限。

6

一个人在他的野性中可以最有效地从他的非本性中和他的精神性中复原。

7

怎么？人仅是上帝的一个错误？抑或上帝是人的一个错误？

8

来自生活的战争学校。——那未能杀死我的，使我更为坚强。

9

你自助，然后人人助你。邻人爱的原则。

10

让我们面对自己的行为毫不怯懦！让我们不厌弃自己的行为！——良心的折磨是不体面的。

11

一头**驴子**[1]能够是悲剧性的吗？——一个人会在一种既不能胜任，又不能推卸的重负下毁灭吗？……哲学家的情形。

12

如果一个人拥有他的生命之"**为何**"，就差不多能对付一切"**如何**"。——人**并不**孜孜以求幸福；只有英国人才这么做。

13

男人创造了女人——究竟用什么创造的？用他的上帝的一根肋骨——用他的"理想"的一根肋骨……

14

什么？你在寻求？你想把自己翻十倍、一百倍？你在寻求信徒？——去寻求**零**吧！

15

死后方生的人——譬如我——比起合时宜的人来，被理解得较差，但更好地被倾听。严格地说，我们仍将不被理解——而我们的权威即**由此而来**……

---

[1] 法国哲学家比里当的著名譬喻：一头驴子在两堆同样大的干草堆之间无从选择，结果饿死。

16

在女人中。——"真理？哦，您不了解真理！它岂不是对我们的全部羞耻心的谋杀吗？"

17

这是一位艺术家，如同我所喜欢的艺术家，他的需求很有节制：他实际上只需要两样东西，他的面包和他的艺术——panem et Circen（面包和喀耳刻[1]）……

18

不知道把自己的意志置于事物之中的人，他至少在事物中放置了一个**意义**。也就是说，他相信事物中已经有了一个意志（"信仰"的原则）。

19

怎么？你们选择了德行和高尚的胸怀，同时又妒忌地盯着无所顾忌者的利益？——然而，有德之人**放弃**"利益"……（写在一个反犹太主义者的房门上。）

20

十足的女性搞文学就好像在犯一件小小的罪行，动手

---

[1] Circe，希腊神话中的美丽女仙，住在地中海小岛埃埃厄上，善巫术，能把受其蛊惑的旅人变成牲畜。

时和结束时环顾四周，看是否有人注意她，并且**使得**有人注意她……

21

置身于喧闹的环境中，在那里不需要虚假的德行，毋宁说，在那里就像走绳者在他的绳索上，一个人不是坠落就是站住——或者离开那里……

22

"恶人没有歌。"——为什么俄罗斯人有歌呢？

23

"德国的精神"：18 年来[1]，这是一个 contradictio in adjecto（形容词的矛盾）。

24

为了追根溯源，一个人变成了螃蟹。历史学家向后看；最后他也向后**信仰**。

25

称心快意甚至使人免于感冒。可曾有过一个自知穿戴漂亮的女人患感冒？——我且假定是在她几乎一丝不挂的情

1　指 1871 年德意志帝国成立以来。

况下。

26
我不信任一切体系构造者并且避开他们。构造体系的意愿是一种不诚实的表现。

27
人们认为女人深刻——为什么？因为人们从未深入研究过女人。女人还不曾浅显过。

28
如果女人有男人的德行，她就叫人受不了；如果她没有男人的德行，她自己又受不了。

29
"从前良心有多少东西要咬啮？它有一副怎样的好牙？——那么今天呢？缺少了什么？"——一位牙医的问题。

30
一个人很少只犯一次轻率。在第一次轻率中他总是做得过分。正因为如此，他往往犯第二次——而现在又做得不够……

31

虫子被踩后蜷缩起来,这是明智的,它借此减少了重新被踩的概率。用道德的语言说就叫:**谦恭**。

32

对说谎和伪装的憎恨,有的是出于一种敏感的荣誉观念;也有的是出于怯懦,因为说谎是神圣的诫命所**禁止**的。太怯懦而不敢说谎……

33

幸福所需要的东西是多么少!一支风笛的声音。——没有音乐的生活是一个错误。德国人甚至推想,上帝也在唱歌。

34

On ne peut penser et e'crire qu'assis (G.Flaubert)(一个人只有坐下来才能思考和写作——福楼拜)。——我据此而抓住了你,虚无主义者!久坐是反对神圣精神的罪。只有**散步得来的**思想才有价值。

35

有一些场合,我们心理学家像马一样陷入不安之中:我们看到面前有我们自己的影子,于是踌躇不前。心理学家必须不看**自己**,才能有所看。

36

我们非道德主义者是否给德行造成了**损害**?——恰与无政府主义者给君主们造成的损害一样少。只是在被行刺之后,君主们才又坐稳了王位。道德:**人们必须行刺道德**。

37

你跑在**前头**?——你这样做是作为牧人?或者是作为例外?第三种可能是逃亡者……**第一个良心问题**。

38

你是真实的人?或者只是一个戏子?你是一个代表?或者是被代表的东西本身?——最后,你甚至只是一个仿造出来的戏子……**第二个良心问题**。

39

失望者的话。——我寻找伟人,我找到的始终是伟人理想的**猿猴**。

40

你是一个旁观者?或是一个行动者?——或是一个掉头不看的退避者?……**第三个良心问题**。

41

你愿意结伴同行?或者走在前面?或者让人代你行

走？……一个人必须知道他想要**什么**，**并且**真的想要。第四个良心问题。

42

这是我的阶梯，我拾级而上——为此我必须越过它们。可是它们以为，我是想安居在它们身上……

43

我保留权利，这又有什么！**我**是太**有**权利了。——而谁今日笑得最好，他也就笑到最后。

44

我的幸福的公式：一个"是"，一个"不"，一条直线，一个**目标**……

苏格拉底问题

1

在一切时代,最智慧的人对生命都做了相同的判断:**它毫无用处**……无论何时何地,从他们嘴里听到的总是同一种声调——一种充满怀疑、充满忧伤、充满对生命的厌倦、充满对生命的抗拒的声调。连苏格拉底在临死时也说:"活着——就意味着长久生病:我欠拯救者阿斯克勒庇俄斯[1]一只公鸡。"连苏格拉底似乎也厌倦了生命。——这**表明**什么?这**指点**人们走向何处?——从前人们会说(——哦,人们确实说了,而且理直气壮,我们的悲观主义者带的头!):"这里无论如何有点东西是真的!consensus sapientium(智者的一致)证明了真理。"——我们今天还要这样说吗?我们**可以**这样说吗?"这里无论如何有点东西是**患了病**的"——**我们**这样回答。这些历代最富智慧的人,人们应当开始就近观察他们!也许他们全都不再站得稳?都迟暮了?都摇摇欲坠了?都颓废了?也许智慧出现在世界,就像一只闻到了腐尸气息而兴奋的

1　Asklepios,希腊神话中的医药之神。

乌鸦？……

2

正是在博学的和鄙陋的偏见都强烈反对这些伟大智者的场合，我心中首次浮现这个不敬的想法：他们是**衰败的典型**。我把苏格拉底和柏拉图看作衰落的征兆，希腊解体的工具，伪希腊人，反希腊人（见1872年出版的《悲剧的诞生》）。所谓 consensus sapientium（智者的一致）——我对之愈来愈琢磨透了——完全不能证明，这些智者因为对某个问题看法一致，他们便是正确的；毋宁说是证明，他们本身，这些最具智慧的人，在**心理**的某个方面是一致的，因而以相同的方式否定——也**必定**否定——生命。关于生命的判断、价值判断，对生命的肯定或否定，归根到底绝不可能是真理；它们仅仅作为征兆而有价值，它们仅仅作为征兆而被考察——此类判断本身是愚蠢的。一个人必须全力以赴地尝试领悟这个惊人的奥秘：**生命的价值不可能被估定**。不能被一个活人估定，因为这样一位当事人诚然是争论的对象，而不是裁判；也不能被一个死人估定，当然出自另一种理由。——就一个哲学家而言，倘若总是这样把生命的价值看作一个问题，便应对他的资格提出异议，给他的智慧打上问号，认为他的行为是不智的。——怎么？所有这些伟大的智者——他们莫非只是颓废者，他们未尝是智慧的？——但是，言归正传，我来谈谈苏格拉底的问题。

3

苏格拉底就其出身而言属于最底层民众：苏格拉底是贱民。大家知道，甚至还看到，他有多么丑陋。然而，丑陋本身是个异议，在希腊人中近乎是个反证。苏格拉底究竟真是希腊人吗？丑陋常常是通过杂交，并且因杂交而受阻碍的发展的标记。在另一种情况下，它表现为**正在衰落**的发展。犯罪学家中的人类学家告诉我们，典型的罪犯是丑陋的：monstrum in fronte, monstrum in animo（容貌的怪物，灵魂的怪物）。但罪犯是一个颓废者。苏格拉底是一个典型的罪犯吗？——至少那位著名的面相家的判断与此并不相悖，苏格拉底的朋友们听起来是很不入耳的。一个善于看相的异邦人路过雅典，当面对苏格拉底说，**他兴许是个怪物**，——他心中隐藏着一切恶习和情欲。而苏格拉底只是答道："您了解我，先生！"

4

不仅业已承认的本能的放荡和混乱表明了苏格拉底的颓废，而且，逻辑的重孕以及使他闻名的那种**佝偻病人的恶毒**也表明了这一点。我们也不要忘掉那种听觉的幻觉，例如"苏格拉底的精灵"，它被人们从宗教意义上加以解释。他身上的一切都是夸张的、滑稽演员式的、漫画化的，同时一切又都是隐匿的、机密的、躲躲闪闪的。——我想弄明白，那个苏格拉底的等式"理性＝美德＝幸福"究竟出自何种特异体质，这个世上最古怪的等式是同古希腊人的全部本能背道而驰的。

5

由于苏格拉底,希腊人的趣味转而热衷于辩证法,这究竟意味着什么?首先是一种**高贵的**趣味借此而被战胜了;贱民凭借辩证法占了上风。在苏格拉底之前,辩证法是被体面社会拒斥的,它被视为歪门邪道,它使人出丑。人们告诫青年人提防它,人们也不信任它炫耀理由的整个姿态。就像老实人一样,真货色并不这样炫耀自己的理由。拼命炫耀理由是不体面的。凡必须先加证明的东西都没有多少价值。无论何处,只要优良风俗仍有威信,只要人们不是"申述理由"而是发号施令,辩证法家在那里就是一种丑角,人们嘲笑他,并不认真看待他。——苏格拉底是一个**使人认真看待自己的丑角**,这究竟意味着什么?

6

一个人只有在别无办法之时,才选择辩证法。他知道,运用辩证法会引起人们对他的不信任,辩证法缺乏说服力。没有什么东西比一个辩证法家的影响更容易消除了,每一次讲演大会的经验都证明了这一点。辩证法只是一个黔驴技穷的人手中的**权宜之计**。在使用辩证法之前,一个人必须先**强行获得**他的权利,在此之前他不会用它。所以,犹太人是辩证法家;列那狐[1]是辩证法家。怎么?苏格拉底也是辩证法家?

---

[1] 列那狐,欧洲中世纪一些动物故事中的主角。

7

——苏格拉底的讽喻可是一种叛乱的表现？可是一种贱民怨恨的表现？他可像一个受压迫者那样在三段论的刀刺中品味他自己的残忍？他可是在向受他魅惑的高贵者复仇？——辩证法家手持一件无情的工具；他可以靠它成为暴君；他用自己的胜利出别人的丑。辩证法家听任他的对手证明自己不是白痴，他使对手激怒，又使对手绝望。辩证法家**扣留**他的对手的理智。——怎么？在苏格拉底身上，辩证法只是一种**复仇**的方式？

8

我已经说明，苏格拉底何以令人反感；现在要更多地谈谈他的魅惑手法。——其中之一是他发现了一种新的**竞技**，他是雅典贵族圈子的第一个击剑大师。他撩拨希腊人的竞技冲动，以此魅惑他们——他给青年男子与少年之间的角斗带来一个变种。苏格拉底也是一个大色情狂。

9

但是，苏格拉底猜到了更多的东西。他看**透**了他的高贵的雅典人；他明白，**他的**病例、他的病例的特质已经不是例外。到处都在悄悄酝酿着同样的衰退，古老的雅典气数已尽。——而苏格拉底知道，全世界都**需要**他——他的方法，他的治疗，他的自我保存的个人技巧……本能到处陷入混乱之中；人们到处距纵欲近在咫尺：monstrum in animo（灵魂的怪物）已是普遍危险。"冲动要成为暴君；必须找一个更强有力的**反暴君**"……当那位面相家向苏格拉底揭穿他的真相，说他是一切邪恶欲念的渊薮之时，这位伟大的讽喻家还宣布了一句话，为我们理解他提供了钥匙。他说："这是真的，但我要成为这一切的主人。"苏格拉底**怎样**成为**自己**的主人呢？——他的例子归根到底只是一个极端例子，只是当时已经开始的那种普遍困境中的最触目的例子：不再有人是自己的主人，本能与本能互相**对抗**。他作为这样的极端例子而拥有魅惑力——他的令人害怕的丑陋使这极端例子有目共睹；当然，他作为答案、解决方法、这一病例已获**治疗**的假象，拥有更强的魅惑力。

10

倘若一个人不得不把**理性**变成暴君，如苏格拉底所为，那么必是因为有不小的危险，使别的什么东西已成为暴君。这时，理性被设想为**救星**，无论苏格拉底还是他的"病人们"都不能随心所欲地成为有理性的——这是 de rigueur（极严格的），这是他们的**孤注一掷**。整个希腊思想都狂热地诉诸理性，这表明了一种困境，人们已陷于危险，只有一个选择：或者毁灭，或者——成为**荒谬的有理性的人**……自柏拉图以来的希腊哲学家的道德主义是有病理学根源的；他们对辩证法的重视也是如此。"理性＝美德＝幸福"仅仅意味着：人们必须仿效苏格拉底，制造一个永恒的**白昼**——理性的白昼——以对抗黑暗的欲望。无论如何必须理智、清醒、明白，向本能和无意识让步会导致崩溃……

11

我业已说明，苏格拉底靠什么魅惑人们：他似乎是一个医生，一个拯救者。还有没有必要指出他对"绝对理性"的信仰中所包含的错误呢？——哲学家和道德家以为，他们与颓废作战，便是摆脱了颓废，这乃是一种自欺。摆脱颓废是他们力不能及的：他们所选择的救援手段本身也仅是颓废的一种表现——他们**改变**颓废的表现，却没有消除颓废本身。苏格拉底是一个误会：**整个劝善的道德，包括基督教道德，都是一个误会**……耀眼的白昼，绝对理性，清醒、冷静、审慎、自觉、排斥本能、反对本能的生活，本身仅是一种疾病，另一种疾病——全然不是通往"德行""健康"幸福的复归之路……**必须克服本能**——这是颓废的公式。只要生命在**上升**，幸福便与本能相等。

12

——这个一切自欺者中最聪明的人，他自己也领悟这个道理了吗？他在他勇敢赴死的**智慧**中终于向自己说出这个道理了吗？……苏格拉底**但求**一死——并非雅典人，而是**他自己给自己下毒的**，他向雅典人强索鸩毒……他轻轻对自己说："苏格拉底不是医生，在这里死亡才是医生……苏格拉底自己只是一个久病者……"

哲学中的"理性"

1

您问我,哲学家都有些什么特性?……譬如,他们缺乏历史感,他们仇恨生成观念,他们的埃及主义（Aegypticismus）。当他们 sub specie aeterni（在永恒的观点下）把一件事物非历史化时——当他们把它制成一个木乃伊之时,他们自以为是在向它**致敬**。几千年来凡经哲学家处理的一切都变成了概念木乃伊；没有一件有生命的真实的东西出自他们之手。这些概念偶像的侍从先生,当他们崇拜之时,他们是在宰杀,是在剥制标本。——当他们崇拜之时,他们使一切事物有了生命危险。死亡、变化、年代如同生育和生长一样,在他们看来是异议——甚至是反驳。存在者不**变化**；变化者不**存在**……他们全体都信仰存在者,甚至怀着绝望之心。可是,他们得不到它,于是探寻它被扣压的缘由。"必定有一种假象,一种欺骗,使我们不能感知存在者,骗子躲在何处呢?"——他们欣喜地大叫:"我们找到它了,它就是感性！这些感官,**它们一向也是如此不道德**,正是它们向我们隐瞒了**真正**的世界。道德便是,摆脱感官的欺骗,摆脱生成,摆脱历史,摆脱谎言——历史无非是对感官的信仰,对谎言的信仰。道德便是,否定对感官的一切信仰,否定人性的全部残余,所有这些全是'民众'。做哲学家吧,做木乃伊吧,用掘墓人的表情体现单调的一神论吧!——尤其要抛开**肉体**,感官的这个可怜见儿的 idee fixe(固定观念)!它犯有全部逻辑错误,甚至荒唐地反驳逻辑,尽管它如此狂妄,俨然作为真实的东西在行动!"……

2

我怀着崇高的敬意对**赫拉克利特**的英名刮目相看。别的哲学家派别拒绝感官的证据是因为它们显示了多与变,他拒绝感官的证据则是因为它们显示了事物,仿佛事物拥有持续与统一似的。但赫拉克利特对感官也不公平。感官既不以爱利亚学派所认为的方式,也不以他所认为的方式说谎——它们根本不说谎。只是在我们对它们的证据进行**加工**时,才在其中塞进了谎言,例如统一的谎言,物性、实体、持续的谎言……"理性"是我们篡改感官证据的根源。只要感官显示生成、流逝、变化,它们就没有说谎……但赫拉克利特在这一点上始终是对的;存在(Sein)是一个空洞的虚构。"假象"的世界是唯一的世界;"真正的世界"只是**编造出来的**……

3

——而我们的感官是多么精致的观察工具呵!譬如鼻子,还不曾有一个哲学家怀着敬意和感激谈论它,它暂时甚至是我们所支配的最巧妙的仪器，能够辨别连分光镜也辨别不了的最微小的移动。我们今天拥有的科学恰好到了这一地步，使我们下决心去**接受**感官的证据——去学会锐化感官，武装感官，透彻思考感官。其余的是畸胎和尚未成形的科学，我是指形而上学、神学、心理学、认识论；**或者**形式科学和符号学说，例如逻辑与应用逻辑——数学。在这些科学中，真实性（die Wirklichkeit）根本没有出现，未尝成为问题；就像逻辑这样的约定符号到底有何价值的问题未尝成为问题一样。

4

哲学家们的**另一种**特性也同样危险，这种特性就是混淆始末。他们把最后到来的东西——可惜！因为它根本不会到来——设置为"最高的概念"，也就是说，最普遍、最空洞的概念，实在（die Realitaet）所蒸发的最后水汽一开始就**作为**开端。这又不过是他们那种崇敬的表现：高级的东西不**允许**从低级的东西中生长出来，根本不允许生长而成……道德：一切第一等级的事物必须是 causa sui（自因）。来源于他物被视为异议，被视为对价值的疑义。一切最高价值都属于第一等级，一切最高概念，存在者，绝对者，善，真，完美——这一切不可能是生成的，所以**必须**是 causa sui。但是，这一切也不可能彼此不等，不可能自相矛盾……于是他们有了"上帝"这个惊人的概念……最后的、最稀薄的、最空洞的东西被设为最初的东西，自因，ens realissimum（最真实的存在）……人类一定要认真对待病蜘蛛的脑疾！——他为之已经付出过昂贵的代价!……

5

——最后,我们来考察一下,**我们**(——我说"我们"是出于礼貌……)以怎样不同的方式把握视觉错误和假象的问题。从前,一般来说,人们把转化、变化、生成看作假象的证明,看作必定有某种引我们入迷途的东西存在的标记。今天,我们反过来看,恰好让理性的偏见驱使我们设置统一、同一、持续、实体、始因、物性、存在,在一定程度上把我们卷入错误,**强制**我们发生错误;我们可以根据严格的核算确定这里有错误。这种情形与巨星的运行并无二致:在后者,是我们的眼睛发生错误,在前者,则是我们的**语言**替错误作持久的辩护。语言就其起源来说,属于心理最退化的形式的时期:当我们意识到语言形而上学的基本假设——直截了当地说便是**理性**——之时,我们便进入一种野蛮的拜物生灵之中了。他到处看见行为者和行为,他相信意志是普遍的始因;他相信"自我",作为存在的"自我",作为实体的"自我",并且把对于"自我—实体"的信仰**投射**于万物——他借此才创造了"物"这个概念……存在到处被设想、**假托**为始因;从"自我"概念之中方才引申、派生出了"存在"概念……在开端就笼罩着错误的巨大厄运,误以为意志是**起作用**的东西——意志是一种**能力**……我们现在知道,它不过是一个词儿罢了……很久以后,在一个开化一千倍的世界里,哲学家们惊喜地意识到理性范畴操作中的**可靠性**、主观**确定性**,他们断定,这

69

些范畴不可能源自经验——全部经验都与它们相矛盾。**那么它们源自何处？**——无论在印度，还是在希腊，人们做出了相同的错误推论："我们必定曾经在一个更高级的世界里居住过（——不是**在一个低得多的世界里**，而这可能正是事实！）。我们必定曾经是神圣的，**因为我们有理性！**"……事实上，迄今为止，没有什么东西比"存在"[1]的错误具有更为朴素的说服力量，一如爱利亚学派所建立的那样，因为我们说的每个词、每句话都在为它辩护！——连爱利亚学派的对手也受到了他们的存在概念的诱惑：德谟克利特便是其中一例，他发明了他的原子……语言中的"理性"：一个多么欺诈的老妪啊！我担心我们尚未摆脱上帝，因为我们还信仰语法……

6

人们将感谢我，倘若我把一种如此根本、如此新的认识归纳成四个命题，以此帮助人们理解，并向相反的见解挑战。

第一命题。将"此岸"世界说成假象世界的那些理由，毋宁说证明了"此岸"世界的实在性——**另一种**实在性是绝对不可证明的。

第二命题。被归诸事物之"真正的存在"的特征，是不存在的特征，虚无的特征——"真正的世界"是通过同现实世界相对立而构成的：既然它纯属**道德光学的**幻觉，它事实上就是

---

[1] 在德文中，sein 又是系词"是"，日常语言中少不了它，所以有以下说法。

虚假的世界。

第三命题。虚构一个"彼岸"世界是毫无意义的，倘若一种诽谤、蔑视、怀疑生命的本能在我们身上还不强烈的话。在相反的场合，我们是用一种"彼岸的""更好的"生活向生命复仇。

第四命题。把世界分为"真正的"世界和"假象的"世界，不论是按照基督教的方式，还是按照康德的方式（毕竟仍是一个**狡猾**的基督徒的方式），都只是颓废的一个预兆——是衰败的生命的表征……艺术家对外观的评价高于实在，并非对这一命题的异议。因为"外观"在这里**又一次**表示实在，只是在一种选择、强化、修正之中……悲剧艺术家**不是**悲观主义者——他甚至**肯定**一切可疑可怕的事物，他是**酒神式**的……

"真正的世界"如何终于变成了寓言

——一个错误的历史

一、真正的世界是智者、虔信者、有德者可以达到的——他生活在其中，**他就是它**。

（理念的最古老形式，比较明白、易懂、有说服力。换一种说法："我，柏拉图，**是真理**。"）

二、真正的世界是现在不可达到的，但许诺给智者、虔信者、有德者（"给悔过的罪人"）。

（理念的进步：它变得更精巧、更难懂、更不可捉摸——**它变成女人，它变成基督教式的**……）

三、真正的世界不可达到、不可证明、不可许诺，但被看作一个安慰、一个义务、一个命令。

（本质上仍是旧的太阳，但被雾霭和怀疑论笼罩着；理念变得崇高、苍白、北方味儿、哥尼斯堡[1]味儿。）

四、真正的世界——不可达到吗？反正未达到。未达到也就是**未知**。所以也就不能安慰、拯救、赋予义务：未知的东西怎么能让我们承担义务呢？……

1　哥尼斯堡是康德一生几乎不曾离开的故乡。

（拂晓。理性的第一个呵欠。实证主义的鸡鸣。）

五、"真正的世界"是一个不再有任何用处的理念，也不再使人承担义务——是一个已经变得无用、多余的理念，**所以是一个已被驳倒的理念，让我们废除它！**

（天明；早餐；bon sens [健全的感官] 和愉快的心境的恢复；柏拉图羞愧脸红；一切自由心灵起哄。）

六、我们业已废除真正的世界：剩下的是什么世界？也许是假象的世界？……但不！**随同真正的世界一起，我们也废除了假象的世界！**

（正午：阴影最短的时刻；最久远的错误的终结；人类的顶峰；《查拉图斯特拉》的开头词。）

作为反自然的道德

1

一切激情有一个阶段，当时它们只是致命的力量，当时它们以愚昧的重负把其牺牲者压倒——后来，过了很久，它们才与精神联姻，使自己"升华"。从前，人们因为激情的愚蠢而向激情宣战，发誓将其灭绝——一切古老的道德巨怪都主张"il faut tuer les passions"（必须扼杀激情）。这方面最著名的公式见之于《新约》的山顶宝训；顺便说说，在那里，全然不是**从高处**看事物的。例如，那里在把公式应用于性的问题时说："如果你的眼睛恶意逗弄你，就挖掉它。"幸亏没有一个基督徒照此办理。**灭绝**激情和欲望，仅仅为了预防它们的愚蠢以及这种愚蠢的不快后果，这在我们今天看来，本身就只是一种极端的愚蠢。我们不再赞美那样的牙医，他用**拔掉**牙齿的办法来治牙痛……另一方面，很显然，在基督教赖以生长的基础之上，"激情的**升华**"这个观念完全不可能形成。众所周知，最早的教会反对"才智之士"以维护"精神的贫困"：怎么可以期望它打一场反对激情的理智之战呢？——教会用名副其实的切除来克服激情：它的策略、它的"治疗"

是**阉割**。它从来不问："怎样使欲望升华、美化、圣化？"——它在任何时代都把纪律的重点放在根除（根除感性、骄傲、支配欲、占有欲、复仇欲）上。——但是，从根上摧残激情就意味着从根上摧残生命：教会的实践是**与生命为敌**……

2

这同样的手段，切除，根除，也被那样的人选用来与欲望斗争，他们的意志过于软弱，过于衰退，因而无能自立尺度；被那样的天性选用，他们需要 la Trappe（苦修会），用譬喻——未必是譬喻——来说，需要某种最后通牒，在自己和激情之间设一条**鸿沟**。过激手段仅为衰退者所必需；意志的乏弱，确切地说，无能对一种刺激**不**作反应，本身只是衰退的另一种形式。对感性怀着激烈的、殊死的敌意，始终是一个值得深思的征兆，借此可以推测这位好走极端的人的总体状态。——此外，当这类天性不再坚强得足以经受激烈的治疗、驱走身上的"魔鬼"之时，这种敌意和仇恨才登峰造极。不妨回顾一下教士、哲学家以及艺术家的全部历史：反对感官的最恶毒的话**并非**出自阳痿者之口，**亦非**出自禁欲者之口，而是出自那些必须做禁欲者的人之口……

3

感性的升华叫作**爱**，它是对于基督教的伟大胜利。另一种胜利是我们的**敌意**的升华。这就是深深领悟拥有敌人之价值：简言之，行动和推论一反从前的方式。教会在一切时代都想消灭它的敌人；我们这些非道德主义者和反基督徒却以为，我们的利益就在于有教会存在……现在，政治上的敌意也有所升华——明智得多，审慎得多，**宽容**得多了。几乎每个政党都明白，为了保存自己，反对党应当有相当力量；这一点适用于大政治。特别是一个新的创造物，譬如说新的国家，需要敌人甚于需要朋友：在对立中它才感到自己是必要的，在对立中它才**成为**必要的……我们对待"内心的敌人"并无不同，在这里我们也使敌意升华，在这里我们也领悟其**价值**。一个人只有充满矛盾才会**多产**；只有灵魂不疲沓，不贪图安逸，才能永葆**青春**……没有什么比从前那种但求"灵魂的宁静"的愿望，那种**基督徒式**的愿望与我们更加格格不入的了；没有什么比道德的母牛和那种良心安宁的油腻的幸福更不叫我们眼红的了。谁放弃战斗，他就是放弃了**伟大的生活**……在许多场合，"灵魂的宁静"无疑只是一种误解——是不会诚实地给自己命名的**别的**东西。不绕弯子、不带偏见地说，有这样一些情形，譬如说，"灵魂的宁静"可以是一种丰盈的动物性向道德（或宗教）领域的温柔发泄。也可以是疲惫的开始，是傍晚、形形色色的傍晚投下的第一道阴影。也可以是空气温润、南风和煦的标记。也可以是不自觉地为消化良好而心怀感谢（有时美其名曰"博爱"）。也可以是病愈者的沉静，他重新品味万物，心怀期待……也可以是跟随在我们占支配地位的激情的一次强烈满足之后出现的状态，一次罕有的饱足的舒适感。也可以是我们的意志、我们的嗜欲、我们的罪恶的衰老。也可以是懒惰在虚荣心引诱下披上道德的装饰。也可以是在一种模糊状态的长期紧张和折磨之后，出现的一种明确状态，哪怕是可怕的明确状态。也可以是行动、创造、劳作、意愿之成熟和熟练的表现，是平静的呼吸，是**已经达到的**"意志的自由"……**偶像的黄昏**：谁知道呢？或许它也只是一种"灵魂的宁静"……

4

——我制定一个原则。道德中的每一种自然主义，也就是每一种**健康的**道德，都是受生命本能支配的——生命的任何要求都用"应该"和"不应该"的一定规范来贯彻，生命道路上的任何障碍和敌对事物都借此来清除。相反，**反自然的道德**，也就是几乎每一种迄今为止被倡导、推崇、鼓吹的道德，都是反对生命本能的，它们是对生命本能的隐蔽的或公开的、肆无忌惮的**谴责**。而且，它们声称"上帝洞察人心"，它们否定生命的最低的和最高的欲望，把上帝当作**生命的敌人**……给上帝逗乐的圣人是地道的阉人……"上帝的疆域"在哪里**开始**，生命便在哪里结束……

5

假如一个人领悟了对于生命的这样一种反对的亵渎之处，这种反对在基督教道德中已经变得近乎神圣不可侵犯了，那么，他因此也就幸运地领悟了一些别的东西，即这样一种反对的无用、虚假、荒谬、**骗人**之处。活着的人对于生命的谴责归根到底只是一定类型的生命的征兆，至于是否有道理，这个问题完全没有借此而提出来。一个人必须在生命**之外**有一个立足点，用不同的方式，如同已经活过的一个人、许多人、一切人那样去了解生命，方能真正触及生命的**价值**问题。有足够的理由表明，这个问题是我们不可企及的问题。当我们谈论价值，我们是在生命的鼓舞之下、在生命的光学之下谈论的：生命本身迫使我们建立价值；当我们建立价值**之时**，是生命本身通过我们评价……由此可知，把上帝当作生命的对立概念和对生命的谴责的那种**道德上的反自然**，也还是生命的一个价值判断——**什么样**的生命？**什么样**种类的生命？——我早已回答：是衰退、虚弱、疲惫、受谴责的生命。道德，如它迄今被理解的，如它最近仍被叔本华规定为"生命意志的否定"的，是把自己做成一个绝对命令的**颓废的本能**本身，它说："**去毁灭吧！**"——它是受谴责者的判断……

6

最后，让我们再思量一下，说"人应当是如此这般的"这种话有多么天真。现实向我们显示了令人愉快的丰富类型，过度挥霍的形式游戏和形式变化，而某位可怜的囿于一孔之见的道德家却说："不！人应该是**别种样子**的。"……他甚至知道人应该是怎样的，这个可怜虫和伪君子，他在墙上画了幅自画像，说道："ecce homo（看哪这人）！"……然而，即使道德家只是向着某一个人说："你应当是如此这般的！"他也依然把自己弄得很可笑。个人是 fatum（命运）的一个片断，承前启后，对于一切既来和将来的事物是一个法则，一个必然性。对他说"改变你自己"就意味着要求一切事物都改变,甚至是朝后改变……然而确实有一些彻底的道德家,他们要人变成另一种样子,即变得有道德,他们要人仿效他们的榜样,即成为伪君子,为此他们**否定**这个世界!不要渺小的疯狂!不要适度的无礼!……道德,只要它从自身出发,而不是从生命的角度、利益、意图出发进行**谴责**,它便是一种特别的谬误,对之不必同情,便是一种**蜕化的特性**,已酿成无穷的祸害!……我们另一种人,我们非道德主义者,相反为一切种类的理解、领悟、**赞许**敞开了我们的心灵。我们不轻易否定,我们引以为荣的是做**肯定者**。我们愈来愈欣赏那种经济学,它需要并且善于利用被教士的神圣愚昧和**病态**理性所抛弃的一切,欣赏那种生命法则之中的经济学,它从伪君子、教士、有德者等丑类身上获取其利益——**什么利益?**——但我们本身,我们非道德主义者,就是这里的答案……

四种大谬误

1

混淆因果的谬误。——再也没有比**倒果为因**更危险的谬误了,我称之为理性的真正堕落。尽管如此,这个谬误却属于人类万古常新的习惯,它甚至在我们之中被神圣化,它冒着"宗教""道德"的美名。宗教和道德所建立的**每个**命题都包含着它;教士和道德立法者是那理性之堕落的始作俑者。——我举个例子:人人都知道著名的柯纳罗[1]的书,他在这本书里把他的节食推荐为活得长寿、幸福——以及有德——的良方。很少有一本书能够如此多地被人阅读,直到现在,在英国每年还要印好几千册。我毫不怀疑,几乎没有一本书(当然《圣经》除外)像这个如此好心肠的怪物这样,造成这么多的祸害,**缩短**这么多的生命。其源盖出于:把结果混同为原因了。这个厚道的意大利人把他的节食看作他长寿的**原因**;其实,长寿的前提,即新陈代谢的极其缓慢,微乎其微的消耗,才是

---

[1] 柯纳罗(Lodovico Cornaro,1467—1566),意大利的富翁和艺术赞助人,曾著书谈自己的长寿秘诀。

他节食的原因。对于他来说，吃多**还是**吃少并非任意的，他的节俭**并非**一种"自由意志"，他吃多就会生病。但是，倘若不是这种鲤鱼之躯，一个人就不仅最好，而且必须**适量**进食。**我们**时代的学者，神经力之消耗如此迅速，使用柯纳罗养生法只会致自己死命。Crede experto（请相信检验过的事实）。

2

每种宗教和道德引为基础的最一般公式："做这个这个，不做这个这个——你就将幸福！否则……"每种道德、每种宗教都是这样的命令——我称之为理性的巨大原罪，**不朽的非理性**。在我口中，这个公式转变为它的反面——我的"一切价值的重估"的**第一个**例子：一个发育良好的人，一个"幸运儿"，他**必须**采取某种行动，而对别种行动本能地踌躇，他把他生理上配置的顺序带进他同人和物的关系之中。公式：他的德行是他的幸福的**结果**……长寿、子孙兴旺**并非**德行的报酬，毋宁说德行即是新陈代谢的放慢，除其他结果外，长寿、子孙兴旺，简言之，**柯纳罗主义**也是这种放慢的结果。——教会和道德说："一个种族、一个民族因罪恶和奢侈而灭绝。"我的**重建的**理性说：当一个民族衰微，在生理上退化，接踵而至的便是罪恶和奢侈（这意味着需要愈来愈强烈和频繁的刺激，犹如每个耗竭的天性所熟悉的）。这个年轻人过早地苍白萎靡了。他的朋友们说：某某疾病应负其咎。我说：他生病，他不能抵抗疾病，**这本身**已是一个衰败的生命、一种因袭的枯竭的结果。报纸读者说：这个政党用这样一个错误断送了自己。我的**更高的政治**说：一个犯这种错误的政党原本已末日临头——它不复有自己的安全本能。任何意义上的任何一种错误都是本能衰退和意志解体的结果；差不多可以用这来给恶下定义了。一切**善**都是本能——因而都是容易的、必然的、自由的。艰难是一种抗议，神与英雄属于不同的类型（用我的话来说：**轻捷的**足是神性的第一属性）。

3

虚假因果关系的谬误。——人们始终相信自己知道何为原因，然而，我们从何处获得我们的这种知识，确切地说，获得我们拥有这种知识的信念的呢？从著名的"内心事实"领域，而迄今这类"事实"中没有一个已经证明是事实。我们相信，自己在意志的行为中是原因；我们认为，至少在这一场合**当场捕获了**因果关系。人们也不怀疑一个行为的所有 antecedentia（起作用的原因），它的原因，可以在意识中寻找，并且只要去找，就总能找到——作为"动机"，否则就不能自由地做此行为，也不能对之负责。最后，谁会否认一个想法是有原因的，而"自我"就是想法的原因？……在这三个似乎作为因果关系的保障的"内心事实"中，第一个且最有说服力的事实是**意志即原因**；意识（"精神"）即原因的观念以及更后面的自我（"主体"）即原因的观念纯粹是派生的，是在意志把因果关系确定为既定事实、为**经验**之后产生的……在此期间我们已经更善于思考了，我们今天不再相信所有这些说法。"内心世界"充满着幻影虚光，意志便是其中之一。

意志不再推动什么，所以也不再说明什么——它仅仅伴随着过程，它也可以缺席。所谓"动机"是另一个谬误。它纯属意识的表面现象，行为的伴随物；与其说它体现，不如说它掩盖了一个行为的前项。至于自我，它已经变成了寓言、虚构、文字游戏，它完完全全停止了思考、感觉、愿望！……结论是什么？根本没有什么精神的原因！这方面的全部所谓经验都见鬼去了！**这就是结论！**——而我们业已有教养地滥用了所谓"经验"，于是我们**创造**了一个作为原因世界、意志世界、精灵世界的世界。最古老悠久的心理在这里起作用，它别无所为，对它来说，每个事件都是一个行为的结果，每个行为都是一个意志的结果，世界化身为许多行为者，有一个行为者（一个"主体"）悄悄潜伏在每个事件背后。人从自身投射出他最坚信不疑的三个"内心事实"，即意志、精神、自我——他由"自我"概念才得出"存在"（Sein）概念，他按照他的形象，按照他的自我即原因的概念来设定"物"的存在。然后他在物之中始终只是重新找到**他塞入其中**的东西，这有何奇怪呢？——再说一遍，物本身，物的概念，仅是自我即原因的信念的一个反映罢了……甚至连你们的原子，我的机械论者和物理学家先生们，有多少谬误、多少退化的心理尚残存在你们的原子里！——更不必说"物自体"，形而上学家们的这个 horrendum pudendum（可怕可耻的东西）了！精神即原因的谬误被冒充为实在！被立为实在的尺度！被称为**上帝**！

4

幻想原因的谬误。——从梦谈起：例如，由于远处的一声炮击而产生的感觉，却给这感觉追加一个原因（常常是一整部小型长篇小说，正是这梦者在其中担任主角）。其间感觉以一种回响的方式延续着，它仿佛在等待，直到原因冲动准许它进入前景——从此不再是偶然的东西，而是"意义"。炮击在一种**因果关系的**方式中，在一种时间的表面逆转中出现。后来的动机解释被首先感受到，还伴随着仿佛在电光中一闪而过的成千细节，随后才是炮击……发生了什么？某一状态所**造成**的想象被误解成了这个状态的原因。——事实上，我们在醒时也这么做。我们大部分通常的感觉——器官在活动或受阻时的种种抑制、压力、紧张、爆发，就像在 nervus sympathicus（交感神经系统）的特殊状态中那样——都激起我们的原因冲动：我们希望有一个**理由**，来解释我们何以处于**某某状态**——我们何以处于好的状态或处于坏的状态。只是简单地确认我们处于某某状态的事实，这从来不能使我们感到满足。**只有当我们给这一事实提供一种动机说明之时**，我们才容忍它，即**意识到**它。记忆在这种场合无须我们知道就自动工作，唤来相似的既往状态以及与它们连合并生的因果解释——**不是**它们的因果联系。当然，认为观念、伴随着的意识过程是原因，这种信念也是记忆造成的。某种因果解释的**习惯**由此形成，它实际上阻碍甚至杜绝了原因的**探究**。

5

对此的心理学说明。——把某种未知的东西归结为某种已知的东西,这使人轻松、平静、满足,此外还给人一种权力感。未知之物使人感到危险、不安、忧虑——第一个冲动便是要**消除**这种令人痛苦的状态。第一原理:随便哪个解释总比没有解释好。因为事情本质上只涉及要摆脱压迫人的表象,至于采用什么方法摆脱它们倒不太严格。未知之物借之解释为已知的第一个表象如此令人舒服,使得人们对它"信以为真"了。**快感**("力量")的证据是真理的标准。——所以原因冲动是由恐惧感决定和引起的。"为什么"的问题,只要可能,就不会是基于原因本身而提供原因,相反是提供**一定种类**的原因。——一种令人平静、解脱、轻松的原因。某种**已知的**、经历过的、铭刻在记忆中的东西被设定为原因,乃是这种需要的第一个结果。新的、未经历过的、陌生的东西则被拒绝承认为原因。——所以,被找来当作原因的不仅是一定种类的解释,而且是**一种精选的、受偏爱的**解释,借之可以最迅速最及时地消除陌生、新奇、未曾经历之感——是**最通常的**解释。——结果,一定种类的原因设定愈来愈占据优势,汇成体系,终于取得**支配地位**,也就是说,排除了**其他的**原因和解释。——银行家立刻想到"生意",基督徒立刻想到"罪恶",少女立刻想到她的爱情。

6

整个道德和宗教领域都属于幻想原因的范畴。——对通常

令人不快的感觉的"解释"。它们是由与我们敌对的生灵造成的(邪恶的幽灵:最著名的事例——歇斯底里患者被误解为女巫)。它们是由不能允许的行为造成的(把"罪恶"感、"犯罪"感强加于一种生理上的不适——人们总是找得到不满意自己的理由)。它们是作为对我们似乎不应当做、我们似乎不应当**是**的某种东西的惩罚和一个报应(叔本华以厚颜无耻的方式归纳为一个命题,在其中,道德显出真相,显现为生命的毒害者和诽谤者:"每种巨大的痛苦,不论是肉体上的还是精神的,都证明我们罪有应得了;因为如果我们并非应得,它就不会降临我们。"见《作为意志和表象的世界》第二卷第666页)。它们是作为轻率不慎行为的后果(激情和官能被设定为原因,被设定为"有过失的";生理的痛苦借助于别的痛苦被解释为"罪有应得的")。——对通常**令人愉快的**感觉的"解释"。它们是由相信上帝造成的。它们是由行为端正的意识造成的(所谓的"良心清白",一种生理状态,有时候消化良好与之如此相像,几乎难以区分)。它们是由事业的成功造成的(天真的错误推论:事业的成功完全不使一位忧郁症患者或一位帕斯卡尔[1]产生通常的愉快感觉)。它们是由信、爱、望等基督教美德造成的。——实际上所有这些冒牌的解释都是**后继**状态,仿佛是把愉快感或不快感翻译成了一种错误的方言。一个人希望,是**因为**生理上的基本感觉变得强大充实;一

---

1 帕斯卡尔(Pascal,1623—1662),法国数学家、哲学家,传世之作为《给外省人》和《思想录》。

个人相信上帝,是因为充实感和强壮感使他宁静。——道德和宗教完全属于**错误的心理学**:在每一场合都混淆了因果;或者把真理同**信以为真的东西**的效果相混淆;或者把一种意识状态同该状态的原因相混淆。

7

自由意志的谬误。——我们对"自由意志"概念不再同情,我们太知道它是什么了——它是神学家们所拥有的最臭名昭著的手腕,其目的是使人类按照他们的意思来"承担责任",也就是**使人类依赖于他们**……我在这里只谈谈一切要人承担责任的做法的心理实质。——无论何处,凡有要人承担责任的意图,往往可以发现那里有**惩罚欲**和**审判欲**的本能。如果某某状况被追溯到意志、目的、承担责任的行为,人就被剥夺了他的无罪的生成:意志学说实质上是为了惩罚,即为了**寻找罪恶的愿望**而被发明的。整个古代心理学,即意志心理学,其前提是它的创始人即古代社会上层的僧侣想要给自己造成一种予人以惩罚的**权利**——或者说想要给上帝造成这种权利……人被认为是"自由"的,以便可以加以判决和惩罚——以便可以成为**有罪**的。结果,每件行为**必须**被看作自愿的,每件行为的根源**必须**被看作有意识的(心理学中**最基本的**伪币制造借此而被树为心理学原则本身……)。今天,我们投入了**相反的**运动,我们非道德主义者尤其竭尽全力从世上清除罪与罚的概念,力求使心理、历史、自然、社会机构及其制裁纯洁化,当此之时,我们没有见到比神学家们的反抗更激烈的反抗了,他们继续倚仗"世界道德秩序"的概念,用"惩罚"和"罪过"来玷污生成的无罪。基督教是刽子手的形而上学……

8

我们的学说只能是什么呢?——没有谁能把人的特性**给予**人,无论是上帝、社会、他的父母和祖先,还是**他自己**(这里最后所否定的观念的荒谬性,作为"理性的自由",已为康德,也许还为柏拉图所教导过)。没有谁可以对以下情形负责:他存在了,他是被造成如此这般的,他处在这样的情形和环境之中。他的天性的宿命不能从一切已然和将然之物的宿命中脱离出来。他**不是**一个特别意图、一个意志、一个目的的产物,**不能**用他去试验以实现一种"人的理想",或一种"幸福的理想",或一种"道德的理想"——想要按照某一目的**铸造**他的天性是荒谬的。我们发明了"目的"概念,实际上目的**阙如**……某人是必然的,某人是命运的一个片断,某人属于全,某人**在全之中**——没有什么东西可以判决、衡量、比较、责难我们的存在,因为这意味着判决、衡量、比较、责难全……**然而在全之外无物存在!**——没有谁再要对存在的种类不可追溯到一个 causa prima(第一因)承担责任,对世界是一个既非作为知觉又非作为"精神"的统一体承担责任,**这才是伟大的解放**——生成的**无罪**借此才重新确立起来……迄今为止,"上帝"概念是对生存的最大**异议**……我们否认上帝,我们否认上帝所意味的要人承担的责任:**借此我们才拯救了世界**。

人类的"改善者"

1

人们知道我对哲学家的要求,即站在善恶的**彼岸**——**超越**道德判断的幻象。这一要求源自一种见解,我首次把这见解归纳成一个公式:**根本不存在道德事实**。道德判断与宗教判断有一共同点,即相信不存在的实在。道德仅是对一定现象的阐释,确切地说,是一种误释。和宗教判断一样,道德判断属于无知的一个阶段,当时连实在的概念、实在与幻想的区别尚付之阙如,所以那个阶段上的"真理"仅是指我们今日称为"想象"的东西。作为这样的东西,道德判断始终只包含着悖谬,就此而言,绝不可被认真看待。但它作为征候学却总是价值非凡:至少对有识之士来说,它显示了文化和内心世界的极其珍贵的实情,这一实情不太懂得"理解"自己。道德只是征兆在说话,只是症状学,一个人必须业已知道自己为何行动,才能从道德中获得益处。

2

我举第一个例子。在一切时代,人们都想"改善"人,道德首先是这个意思。然而,在同一个词下却隐藏着迥异的倾向。野蛮人的**驯化**和一定人种的**培育**都被称为"改善"。正是这些动物学术语才表达了实情——当然,典型的"改善者"即教士对此实情一无所知,并且**宁愿**一无所知……把驯化一头野兽称作对它的"改善",在我们听来近乎一个玩笑。凡是了解驯兽场情况的人,都会怀疑动物在那里得到了"改善"。它们被削弱了,它们被弄得不太有害了,恐惧的沮丧情绪、疼痛、创伤、饥饿使它们变成了**病兽**。——教士所"改善"的驯化之人的情形与此毫无二致。在中世纪早期,教会事实上首先是一所驯兽场,人们到处捕猎"金发野兽"最美丽的标本——例如,人们"改善"高贵的日耳曼人。可是,在这之后,这样一个被"改善"了的、被带入修道院的日耳曼人看上去怎么样呢?像一幅人的漫画,像一个怪胎。他成了"罪犯",他蹲在笼子里,他被禁锢在许多十分可怕的概念之间……他躺在那里,有病,虚弱,对自己怀着憎恶;充满对生命冲动的仇恨,充满对一切仍然强壮幸福的事物的猜忌。简言之,一个"基督徒"……用生理学的语言说,在与野兽斗争时,使它生病是**能够**用来削弱它的唯一手段。教会懂得这一点,它**败坏**人,它削弱人——但它自命"改善"了人……

3

我们来看所谓道德的另一种情形,即一定种族或类型的**培育**。这方面最重大的例子是印度道德,作为《摩奴法典》而具有宗教效力。其使命是同时培育四种种姓,即僧侣种姓、武士种姓、农商种姓和仆役种姓即首陀罗。在这里，我们显然不是置身于驯兽者之中了，必须有一种百倍温柔和理智的人，才能哪怕只是构想出这样一种培育的计划。一个人从基督教的病房和牢狱的氛围中转而步入这个更健康、高贵、**广阔**的世界，不禁要深吸一口气。与《摩奴法典》相比，《新约》是何等可怜，它的气味是何等难闻！——但是，这种制度同样必须是**可怕**的——这一回不是为了对付野兽，而是为了对付**它**的反面，即不可培育的人、杂种的人、贱民，而除了使他们**生病**之外，它又没有别的使他们软弱无害的办法——这是在对付"多数"。也许没有比印度道德的**这种**防护条规更与我们的情感相抵触的东西了。例如第三谕令（Avadana-Sastra Ⅲ），"关于不洁的蔬菜"，规定允许贱民食用的唯一食物是大蒜和洋葱，与此有关的是，神圣的经文禁止给贱民谷物或含有种子的水果，以及**水和火**。该谕令还规定他们所必需的水不能从河流、泉源、水池中汲取，而只能取之于沼泽入口处或牲口踩出的坑穴。同时，他们被禁止洗衣物和**洗澡**，恩赐给他们的水只可用于解渴。最后，禁止首陀罗妇女帮助贱民产妇，也禁止贱民妇女**生产时互相帮助**……——这样一种卫生警察机关倒不无成效：可怕的瘟疫和丑恶的性病；因而又有"刀法"，即规定男孩行割礼，女孩切除小阴唇。——摩奴自己说："贱民是通奸、乱伦和犯罪的产物（——这是培育概念的**必然**结论）。他们必须仅以尸布为衣，以破罐为食具，以锈铁为饰物，仅以恶精灵为膜拜对象；他们必须不得安宁地到处漂泊。他们不准从左往右写字，不准用右手写字；使用右手和从左往右仅是为**有德者**和有**种姓**者保留的权利。"

4

这些规定是富有教益的,我们在其中看到了完全纯粹、完全本原的**雅利安**人性——我们懂得了"纯粹血统"概念是与一个无害的概念相对立的。另一方面,也明白了在**哪个**民族中,对于这种"人性"的仇恨、贱民的仇恨,得以永恒化,变成了宗教,变成了**天才**……从这个观点来看,《福音书》是头等文件;《以诺书》更是如此。[1]——基督教源自犹太根基,当然也仅是这片土壤上的作物,它体现了对于培育、种族、特权的**反动**——它是卓越的**反雅利安**宗教:基督教鼓吹一切雅利安价值的重估,贱民价值的胜利,穷人和卑贱者的福音,是一切被践踏者、不幸者、失败者、被淘汰者对于"种族"的总暴动——是作为**爱的宗教**的不朽的贱民复仇……

5

培育的道德和**驯化**的道德在贯彻自身的方法上彼此完全相称。我们可以确立一个最高命题:为了**创造**道德,一个人必须有追求其反面的绝对意志。人类"改善者"的心理学,这是我探究得最长久的重大而**令人不安**的问题。一个小小的、本质

---

[1] 《福音书》,《圣经·新约》的第一部分,包括《马太福音》《马可福音》《路加福音》《约翰福音》四卷。《以诺书》,《旧约外传》的一种,借以诺之口讲述世界末日的异象和比喻。

上很朴素的事实，所谓 pia fraus（虔诚的谎言），在这个问题上给了我第一个启发：pia fraus 是一切"改善"人类的哲学家、牧师的遗产。无论是摩奴、柏拉图、孔子，还是犹太导师和基督教导师，都从不怀疑他们说谎的**权利**。他们从不怀疑**所有其他的权利**……用公式来表达，不妨说：迄今用来使人类变得道德的**一切**手段，从根底上看都是**不道德**的。

德国人缺少什么

1

如今在德国人中,拥有精神已经不够了,还必须把它占为己有,**滥用精神**……

也许我是了解德国人的,也许我甚至可以告诉他们一些真相。新德国[1]体现了大量遗传的和习得的才干,以致它可以长达一个时代地挥霍积聚的力量财富。这里并**没有**靠了它而占据统治地位的高级文化,更没有讲究的趣味,一种高贵的本能之"美";却有较之任何欧洲国家所具备的**更男子气的**德行。许多美好的勇气和自尊,交往和彼此承担义务时的许多信义,许多勤奋,许多毅力——以及一种遗传的节制,这种节制与其说需要障碍不如说需要刺激。我补充一句:这里人们仍然服从,而服从并不使人感到屈辱……没有人蔑视他的对手……

人们看到,我愿意对德国人公正:在这一点上我不想对自己不忠实——所以我也必须向他们提出我的异议。获取权

---

[1] 新德国,指1871年宣布成立的德意志帝国。

力要付出昂贵的代价：权力**使人愚蠢**……德国人——一度被称为思想家民族，如今他们究竟还思索吗？——德国人现在厌倦精神，德国人现在猜疑精神，政治吞噬了对于真正精神事物的任何严肃态度——"德国，德国高于一切"[1]，我担心，这已是德国哲学的末日……"德国有哲学家吗？德国有诗人吗？德国有好书吗？"在国外有人问我。我感到脸红，但以我即使在失望时也具有的勇气回答："有的，**俾斯麦！**"——我岂能还承认今天人们在读什么书呢？……该死的中庸本能！

2

谁不曾忧伤地沉思过德国精神**能够**是什么的问题啊！可是，将近一千年来，这个民族却任意使自己变得愚蠢了，没有一个地方，欧洲两大麻醉剂——酒精和基督教——像在这里这样罪恶地被滥用。最近竟然又添上了第三样，单凭这一样就足以扼杀精神的一切精致勇敢的敏捷性，这就是音乐，我们的被噎且又噎人的德国音乐。——在德国智力中有多少令人沮丧的笨重、拖沓、潮湿，有多少睡衣，有多少**啤酒**！献身于最高精神目标的青年男子竟然缺乏精神性的第一本能，**精神的自我保存本能**——并且大饮其啤酒，这怎么可能呢？……博学青年的酗酒也许并没有给他们的博学打上问号，因为甚至一个大学者也可能没有精神，但是在别的一切方面都打上了问号。——在哪里看不到啤酒给精神造成的慢性堕落！在一个如

---

1 第二帝国时期德国国歌中的一句歌词。

今已经众所周知的事例中，我曾提及这样的堕落，我们德国第一位自由思想家的堕落，**聪明的**大卫·施特劳斯[1]，变成了酒座福音和"新信仰"的作者……他在诗中并非向"褐色妖精"空发誓愿的——他效忠至死……

3

我说过德国精神变得更粗鄙、更浅薄了。这么说够吗？——透彻地说，它是一种使我惊骇的面目全非的东西，在精神事物中的那种德国的严肃、德国的深刻、德国的**热情**正在每况愈下。不但知性，而且激情也在发生变化。——我时而接触到德国的大学，学者中盛行怎样的风气，当今的精神何其荒芜，何其满足和冷漠！倘若有人举出德国科学来反对我，那实在是一大误解——并且还证明他不曾读过我的一个字。17年来，我不知疲倦地揭露我们当代科学追求的**非精神化**的影响。科学的巨大范围今日强加于每一个人的严酷的奴隶状态，是禀赋更完满、更丰富、**更深刻**的天性找不到相应的**教育**和**教育者**的首要原因。我们的文化之受到损害，**莫**过于自负的游手好闲者和片断人性的过剩；我们的大学与愿**相违**的是使精神本能如此退化的地道温室。而整个欧洲对此业已有所了解——大政治骗不了任何人……德国愈来愈被视为欧洲的**浅**

---

1 大卫·弗里德里希·施特劳斯（David Friedrich Strauss, 1808—1874），德国作家，代表作为《耶稣传》和《新信仰与旧信仰，一篇告白》。尼采曾在《不合时宜的考察》的第一篇论文《告白者和作家大卫·施特劳斯》中对他进行批判。

地[1]。——我仍在**寻找**一个德国人，与他一起我可以按照我的方式严肃一下——更急切地寻找一个德国人，与他一起**我**可以快活一下！**偶像的黄昏**：啊，如今谁能领悟，一位隐士正在这里**以一种怎样的严肃态度休养**！——快活是我们身上最不可理解的东西……

4

不妨估算一下：不但德国文化的衰落一目了然，而且也不乏这方面的充足理由。任何人的花费归根到底不能超过他所拥有的，个人如此，民族也如此。一个人把自己花费在权力、大政治、经济、世界贸易、议会、军事利益上，一个人向**这些**方面付出了理解、认真、意志、自我克制的能量，他就是这能量，那么，他在其他方面就必有短缺。文化和国家——在这一点上不要欺骗自己——是敌对的："文化国家"纯属现代观念。一方靠另一方为生，靠牺牲另一方生长。一切伟大的文化时代都是政治衰微的时代：文化意义上的伟大是非政治的，甚至是**反政治**的。——歌德的心灵为拿破仑现象打开，却对"解放战争"**关闭**……正当德国作为大国兴起之时，法国作为**文化力量**获得了一种不同的重要性。在今天，精神的许多新的严肃、许多新的**热情**已经迁往巴黎；例如，悲观

---

1 原文为 Flachland，原义为与 Gebirge（山脉）相对的平原、低地，尼采在这里可能是用作双关语，flach 为平坦、肤浅之义，Land 的另一义为国家，合起来即浅薄的国家。

主义问题、瓦格纳问题、几乎所有的心理学问题和艺术问题，在那里比在德国得到了无比精微、透彻的思考——德国人甚至**无能**于这种严肃。——在欧洲文化史上，"帝国"的兴起首先意味着一件事：**重心的转移**。无论何处，人们都已经知道：在主要的事情——这始终是文化——上，德国人不再值得一提。人们问道：你们可要为欧洲提供哪怕一个**够格的**思想家，就像你们的歌德、你们的黑格尔、你们的亨利希·海涅、你们的叔本华那样？——不再有一个德国哲学家了，这实在令人惊讶不已。

5

整个德国高等教育已经丢失了主要的东西——**目的**以及达到目的的**手段**，人们忘记了教育、**文化**本身——而**不是**"帝国"——是目的，忘记了达到这个目的所需要的是**教育家**——而**不是**文科中学教师和大学学者……急需**自我教育成**的教育家，有卓越、高贵的灵魂，每时每刻以身教言教体现日趋成熟、**甜美的文化**——而**不是**文科中学和大学今日作为"高级保姆"提供给青年的那种博学的粗汉。除了极少数例外，**缺少教育家**，教育的这**第一**前提：德国文化的衰落由此而来。——我的可尊敬的朋友、巴塞尔的雅各布·布克哈特[1]是极少数例外之一，巴塞尔在人性方面的优越首先归功于他。——德国"高等学

---

[1] 雅各布·布克哈特（Jakob Burckhardt，1818—1897），瑞士文化史学家，尼采的好友。

校"事实上所做的是一种残忍的训练,以求花费尽可能少的时间使无数青年男子适宜于、**彻底适宜于**为国家效劳。"高等教育"和**无数**——两者从一开始就是彼此矛盾的。一切高等教育仅仅属于例外者,一个人必须是特许的,才有权享有如此高级的特权。一切伟大事物、一切美丽事物从来不是公共财产:Pulchrum est paucorum hominum(美属于少数人)。——什么**造成了**德国文化的衰落?"高等教育"不再是一种**特权**——"普及的"、变得**平庸**的教育之民主主义……不要忘记,军事特权死板地强求高等学校**过高的入学率**,而这就意味着高等学校的衰落。——在今日德国,任何人都不再能够自由地给他的孩子以一种高贵的教育,我们的"高等学校",包括其教师、课程、教育目标,全都安排好了一种最暧昧的中庸。到处盛行着一种无礼的匆忙,倘若23岁的青年人还没有"做好准备",还不知道"主要问题"——从事**什么**职业?——的答案,便会耽误什么似的。——请允许我说,一种更高类型的人不喜欢"职业",正是因为他懂得召唤自己……他拥有时间,他支配时间,他完全不去考虑"做好准备"的问题——在高级文化的意义上,一个人30岁时还是一个起跑者、一个孩子。——我们的拥挤的文科中学,我们的被造就得极其愚钝的众多文科中学教师,乃是一个丑闻。试图保卫这种状态,如海德堡的教授们最近之所为,也许是有**原因**的——但并没有这样做的理由。

6

我的本性是趋向于**肯定**的,它做出反对和批判仅是间接的、不情愿的，为了不失我的本性，我立即提出三项任务，为完成这些任务起见，一个人需要教育者。一个人必须学习**看**，一个人必须学习**想**，一个人必须学习**说**和**写**：三者的目的都是一种高贵的文化。——学习看，就是学习使眼睛习惯于宁静、忍耐，让事物走近自己；学习不急于做判断，从各个角度观察把握个别事例。对一个刺激**不**立刻做出反应，而是具备一种阻缓、隔离的本能，这是走向精神性的**第一个**预备教育。学习看，按照我的理解，接近于非哲学术语称之为坚强意志的东西，其本质的东西恰好**不是**"意欲"，而是**能够**推迟做决定。一切非精神性、一切鄙俗性都基于无能抵抗一种刺激——他**势必**做出反应，他顺从每个冲动。在许多场合，这样一种"势必"已经是病态和衰落，是枯竭的征兆——几乎被非哲学的粗略用语名之为"罪恶"的一切，都纯属这种生理上无能**不**做出反应。——学会看有一种收益：作为**学习者**，一个人将会变得迟缓、猜疑、抵触。最后，他将带着一种敌意的平静听任每种陌生、**新奇**的事物靠近他——他将对它们袖手旁观。洞开一切大门，猥亵地沉溺于每件琐屑的事情，随时投身、**冲**入他人怀抱和他物之中，简言之，著名的现代"客观性"，是一种恶劣的趣味，是典型的**卑贱**。

7

学会想：在我们的学校里人们已经不再懂得这个。甚至在大学里，在正宗的哲学学者之中，作为理论、实践、**手艺**的逻辑已经开始绝迹。人们阅读德国书籍，丝毫不再记起思考需要一种技术，一种教程，一种获得技巧的意志，——似乎不再记起要学会思考就像要学会跳舞一样，思考**作为**一种舞蹈……在德国人中，谁还体验得到精神的**轻捷的足**带给全身肌肉的那种微妙的战栗！——神态的僵硬呆板，动作的**笨拙**，已经成为德国人的特征，以致在国外人们完全把这看作德国人的天性。德国人没有触摸 nuance（细微差别）的**手指**……虽然德国人也容忍了他们的哲学家，尤其是那个史无前例的畸形的概念残疾人，**伟大的**康德，但这一点丝毫不能表明德国人优雅。——因为不能从**高贵的教育**中排除各种形式的**舞蹈**，即用足、概念、文字跳舞的才能；是否还要我来说，一个人也必须能够用笔跳舞，一个人必须学习写？——可是在这方面，对于德国读者来说，我恐怕完全是一个谜……

一个不合时宜者的漫游

1

　　我不可能做的事。——塞涅卡[1]：或德行的斗牛士。——卢梭[2]：或 in impuris naturalibus（在污秽的自然中）回到自然去。——席勒[3]：或萨金根的道德号手[4]。——但丁[5]：或在坟墓里作诗的鬣狗。——康德：或 cant（伪善），作为只能凭理性去了解的性格。——维克多·雨果[6]：或荒谬之海上的法鲁

1　塞涅卡（Lucius Annaeus Seneca，约公元前 4—公元 65），古罗马斯多葛派哲学家、政治家、作家，其著作主要关注伦理学。
2　卢梭（Jean-Jacques Rousseau，1712—1778），法国哲学家、作家，反对文明，提倡回到原始的自然状态。
3　席勒（Friedrich von Schiller，1759—1805），德国诗人、戏剧家。
4　萨金根（sackingen）的道德号手，席勒强调道德性，舍费尔（Joseph Viktor von Scheffel）曾在史诗《萨金根的号手》中对之暗讽。
5　但丁（Dante Alighieri，1265—1321），意大利诗人，其代表作《神曲》描绘了地狱、炼狱、天堂之旅。
6　雨果（Victor Hugo，1802—1885），法国浪漫主义诗人、小说家。

斯岛[1]。——**李斯特**[2]：或熟练技巧的课程——追女人。——**乔治·桑**[3]：或 lactea ubertas（丰盛的乳汁），直截了当地说：具有"美丽风格"的乳牛。——**米什莱**[4]：或脱掉外衣的慷慨激昂……**卡莱尔**[5]：或悲观主义，作为放弃了的午餐。——**约翰·斯图亚特·密尔**[6]：或令人不快的清晰。——**龚古尔兄弟**[7]：或与荷马作战的两个埃阿斯[8]。**奥芬巴赫**[9]的音乐。——**左拉**[10]：或"散发恶臭的乐趣"。

---

1 法鲁斯岛（Pharus），在埃及亚历山大港附近，以其上灯塔闻名。
2 李斯特（Franz von Liszt，1811—1886），匈牙利作曲家、钢琴家，尼采在此讽刺他在音乐上和情场上皆以技巧熟练著称。
3 乔治·桑（George Sand，1804—1876），法国女作家，早期女权主义者。
4 米什莱（Jules Michelet，1798—1874），法国历史学家、哲学家，用热情的风格写作。
5 卡莱尔（Thomas Carlyle，1795—1881），英国作家，代表作为《法国革命》《论英雄和英雄崇拜》。
6 约翰·斯图亚特·密尔（John Stuart Mill，1806—1873），英国哲学家、经济学家、政治学家。
7 龚古尔兄弟（Edmond Goncourt，1822—1896；Jules Goncourt，1830—1870），法国作家，合作写书，巨著《日记》最出名，在《日记》中曾贬低荷马。
8 两个埃阿斯（Ajax），希腊神话中两个同名英雄，以勇敢著称，常并肩作战。
9 奥芬巴赫（Jacques Offenbach，1819—1880），德国作曲家。
10 左拉（Emile Zola，1840—1902），法国作家，自然主义流派的主要代表。

2

勒南[1]。——神学，或由"原罪"（基督教）造成的理性的败坏。勒南的证据，他一旦冒险要做出更普遍类别的肯定或否定之时，就会以小心守规矩的方式出错。例如，他想把 la science（科学）和 la noblesse（高贵）合为一体：但 la science 属于民主政体，这却是显而易见的。他毫无虚荣心地想要表现一种精神的贵族主义，但他同时又向相反的学说——èvangile des humbles（卑贱者的福音）——跪拜，而且不仅仅是跪拜……假如一个人骨子里仍然是基督徒、天主教徒乃至牧师，所有自由思想、现代观念、讽刺本领和蚁鹠[2]的灵巧又于事何补！勒南完全像耶稣会教士和忏悔神父一样，在诱惑方面颇有发明才能；他的精神不乏教士的那种准备好的微笑——就像一切牧师一样，当他爱的时候，他才变得危险了。没有人能够像他那样用一种致命的方式崇拜……勒南的精神，一种**使人神经衰弱**的精神，对于贫困、患病、意志衰竭的法国更是一个厄运。

3

圣伯夫[3]。——毫无男子气；满怀对一切阳刚精神的渺小的怨恨。四处游荡、伶俐、好奇、无聊、爱打听——根本是

---

1 勒南（Ernest Renan, 1823—1892），法国宗教学家、作家。
2 蚁鹠，属于啄木鸟科，善于转动脖子。
3 圣伯夫（Charles Augustin de Sainte-Beuve, 1804—1869），法国文学评论家。

女性人格，具有女人的复仇欲和女人的感官。作为心理学家，是一个 mèdisance（诽谤）的天才；这方面的手段层出不穷；没有人比他更善于掺和毒药和谀辞。在至深的本能中极为粗鄙，与卢梭的愤懑一脉相承：**所以是个浪漫主义者**——因为在一切浪漫主义背后都有卢梭的复仇本能在嘟哝和渴求。一个革命者，但可惜被恐惧控制住了。在一切有力量的事物——公众舆论，科学院，法院，甚至 Port Royal（波尔 - 罗亚尔女修道院）——面前毫无自由。激烈地反对一切伟大人物和伟大事物，反对一切自信者。一个诗人和半女人，尚足以感觉到伟大的威力；不停地蠕动，就像那条著名的虫子，因为它老觉得自己被践踏。像一个没有准则、立场和脊椎的批评家，以世界主义的 libertin（不信教者）的口吻谈论种种事物，却没有勇气承认他 libertinage（不信教）。像一个没有哲学、没有哲学洞察力的历史学家——所以在一切重要问题上拒绝下判断，拿"客观性"遮掩自己。在一种更纤细、更有利的趣味占据支配地位的地方，他对万物的态度有所不同，在那里他确实有面对自己的勇气和乐趣——在那里他是**大师**。——在某些方面，他是波德莱尔[1]的一个雏形。

---

1 波德莱尔（Charles Baudelaire，1821—1867），法国诗人、作家，颓废主义的代表人物。

4

《**效法基督**》[1]属于那种我拿在手里不能不起生理反感的书,它散发出一种永恒女性的芳香,一个人必须是个法国人——或瓦格纳分子——才能闻得惯……这个圣徒有一种谈论爱的方式,甚至使巴黎女人也觉得新奇。——有人告诉我,那位**最聪明的**耶稣会教士孔德[2],他想带领他的法国人**绕道**科学开往罗马,他在这本书上获得了灵感。我相信这一点:"心灵的宗教"……

5

G. 艾略特[3]。——他们失去了基督教的上帝,从而相信现在必须更加坚持基督教的道德:这是一种**英国的**首尾一贯性,我们不想因之而责怪艾略特身上的道德小女子。在英国,为了每一次小小的摆脱神学的解放,人们必定作为道德狂热分子以可怕的方式重新给自己贴金。这是那里的人们付出的**赔偿费**。——对我们另一种人来说,情况就不同了。如果一个人放弃了基督教信仰,那么,他因此也就把他对于基督教道德的**权利**从脚下抽去了。基督教道德绝**不是**自明的,必须不顾那些浅薄的英国头脑而不断地揭露这一点。基督教是一个体系,

---

1 《效法基督》,中世纪基督教修养读物,相传其作者为托马斯·封·肯彭(Thomas von Kempen)。
2 孔德(Auguste Comte, 1798—1857),法国哲学家,实证主义的主要代表。
3 G. 艾略特(Georg Eilot, 1819—1880),英国女作家。

一种对于事物的通盘考虑过的**完整的**观点。倘若破除了其中的一个主要观念——对上帝的信仰,也就粉碎了这个整体,不再有任何必要的东西留在手中了。基督教假定,人不知道也不可能知道,对他来说,何为善,何为恶:他信仰唯一知道这一点的上帝。基督教道德是一个命令,它的根源是超验的;它超越一切批评、一切批评的权利;唯有当上帝是真理之时,它才具有真理性——它与对上帝的信仰同存共亡。——如果英国人事实上相信他们自发地、"本能地"知道孰为善恶,如果他们因而误以为不再必须有基督教作为道德的担保,那么,这本身也只是受基督教价值判断支配的**结果**,是这种支配的**强大**和**深刻**的表现,以致英国道德的根源被遗忘了,以致这种道德的存在权的严格条件性不再被感觉到了。对英国人来说,道德还不是一个问题……

6

乔治·桑。——我读过《旅行书简》第一卷,就像卢梭写的一切东西,虚假、做作、咋呼、夸张。我受不了这种花里胡哨的糊墙纸风格;就如同受不了贱民想显示慷慨情感的虚荣心一样。当然,最糟糕的还是女人用男子作风、顽童举止来卖弄风情。——她在这么做时必定是多么冷静,这让人受不了的女艺人!她像钟表一样上紧发条——并且写作……冷静得像雨果，像巴尔扎克[1]，像一切浪漫主义者，只要他们在创作！而她会如何自我欣赏地躺在那里，这条多产的写作母牛，她身上具有某些坏的德国素质，就像她的师父卢梭一样，并且无论如何只有在法国趣味衰败时她才可能出现！——可是勒南崇拜她……

7

心理学家的道德。——不要搞廉价兜售的心理学！绝不为观察而观察！这会造成一种错觉，一种斜视，一种勉强而夸张的东西。抱着体验的**愿望**去体验，这是不行的。在体验时不**允许**凝视自己，否则每一瞥都会变成"恶的眼光"。一个天生的心理学家本能地提防为看而看；这一点也适用于天生的画家。他从不"依照自然"而工作——他让他的本能、他的 camera obscura（暗箱）去筛选、印出"事件""自然""经历"……然后他才意识到**一般的东西**、结论、结果；他不会从个别事例中武断地抽象出什么。——倘若换一种做法，譬如说，像巴黎大大小小的小说家那样搞廉价兜售的心理学，会怎么样呢？这好像是在伏击现实世界，每晚带一把稀奇玩意儿回家去……但是，人们只看到最后的出产——一堆乱涂乱写的东西，充其量是一件镶嵌细致，但仍保留其堆积、纷扰、俗艳的东西。其中，龚古尔兄弟做的事情最糟，他们造不了

---

[1] 巴尔扎克（Honoré de Balzac，1799—1850），法国作家，一般认为是现实主义文学的代表人物。

三个句子,能让它们不刺痛眼睛、**心理学家**的眼睛。——用艺术的观点看,自然不是样板。它夸张,它歪曲,它留下漏洞。自然是**偶然物**。"依照自然"研究,在我看来是一个坏的征象,它暴露了屈服、软弱、宿命论——膜拜petits faits(琐事末节)是一个**完全的**艺术家所不屑为的。看看**有什么东西**,这是另一种灵魂所做的事,是**反艺术的、务实的**灵魂所做的事。一个人必须知道他是**哪种人**……

8

论艺术家心理。——为了艺术得以存在,为了任何一种审美行为或审美直观得以存在,一种心理前提不可或缺:醉。首先须有醉以提高整个机体的敏感性,在此之前不会有艺术。醉的如此形形色色的具体种类都拥有这方面的力量:首先是性冲动的醉,它是醉的最古老最原始的形式。同时还有一切巨大欲望、一切强烈情绪所造成的醉;节庆、竞赛、绝技、凯旋和一切剧烈活动的醉;酷虐的醉;破坏的醉;某种天气影响所造成的醉,例如春天的醉,或者因麻醉剂的作用而造成的醉;最后,意志的醉,一种积聚的、高涨的意志的醉。——醉的本质是力的提高和充溢之感。出自这种感觉,人施惠于万物,**强迫万物向己索取**,强奸万物——这个过程被称作**理想化**。我们在这里要摆脱一种成见:理想化并非如通常所认为的,在于抽掉或排除细枝末节。把主要特征极其鲜明地**加以突出**,这毋宁说是决定性的因素,使得其他特征因此而消失了。

9

在这种状态中，人出于他自身的丰盈而使万物充实：他之所见所愿，在他眼中都膨胀，受压，强大，负荷着过重的力。处于这种状态的人改变事物，直到它们反映了他的强力——直到它们成为他的完满之反映。这种**必须**变得完满的状态就是——艺术。甚至一切身外之物，也都成为他的自我享乐；在艺术中，人把自己当作完满来享受。——诚然，还可以设想一种相反的状态，本能的一种特殊的反艺术家类型——这样一种类型，它使万物贫乏，黯然，患上痨病。事实上，历史充斥着这样的反艺术家，这样的生命饥馑者：他们必不可免地攫取万物，使之更虚弱，使之**更贫瘠**。这便是真正的基督徒的情形，例如帕斯卡尔的情形：一个兼为艺术家的基督徒**并不存在**……请不要太天真，抬出拉斐尔或随便哪一些19世纪同种疗法的基督徒来反对我：拉斐尔说着肯定，拉斐尔**从事**肯定，所以拉斐尔不是基督徒……

10

我引入美学的对立概念，**日神的**和**酒神的**，二者被理解为醉的类别，究竟是什么意思呢？——日神的醉首先使眼睛激动，于是眼睛获得了幻觉能力。画家、雕塑家、史诗诗人是卓越的幻觉家。在酒神状态中，却是整个情绪系统激动亢奋：于是情绪系统一下子调动了它的全部表现手段和扮演、模仿、变容、变化的能力，所有各种表情和做戏本领一齐动员。本质的东西依然是变形的敏捷，是不能**不**做出反应（类似情形见之于某些歇斯底里病人，他们也是因每种暗示而进入**每种角色**）。酒神状态的人是不可能不去理会任何一种暗示的，他不会放过一个情绪标记，他具有最强烈的领悟和猜测的本能，犹如他握有最高度的传达技巧一样。他进入每个躯体，每种情绪：他不断变换自己。——音乐，如同我们今天所理解的，既是情绪的总激发，又是情绪的总释放，然而只是一个完满得多的情绪表现世界的残余，是酒神颂戏剧硕果仅存的一种**遗迹**。为了使作为特殊艺术的音乐成为可能，人们悄悄阻止一些官能，首先是肌肉的官能（至少相对如此，因为一切节奏在某种程度上都还是诉诸我们的肌肉）；于是，人不再立刻身体力行地模仿和表演他所感觉的一切。然而，**这**毕竟是真正的标准酒神状态，无论如何是原初状态；音乐则是用相近能力慢慢形成的这种原初状态的说明书。

11

演员、伶人、舞蹈家、音乐家、抒情诗人在其本能上一脉相通，原本是一体，但逐渐地专门化和分化了——直至竟然彼此冲突。抒情诗人和音乐家的联合，演员和舞蹈家的联合，持续最久。——**建筑师**既不表现酒神状态，也不表现日神状态：这里是伟大的意志行为，是移山的意志，是伟大意志的醉，这醉渴求着艺术。最强有力的人总是给建筑师以灵感：建筑师始终受到力的启发。建筑物应当显示出骄傲、对重力的胜利和权力意志；建筑是权力之能言善辩的一种形式，它时而循循善诱，甚至阿谀逢迎，时而只是威严下令。具有**伟**

大风格的建筑，表达了最高的力感和安全感。权力不再需要证明；它不屑于讨好；它懒得回答；它不感到周围有见证；它生存着，对于反对它的意见置若罔闻；它立足于**自身**，宿命，法则中的一个法则：**这便是伟大风格的自白。**

12

我读过**托马斯·卡莱尔**的生平，这场不由自主的闹剧，这篇对于消化不良状态的英雄道德诠释。——卡莱尔，一个大言不惭和趾高气扬的家伙，一个**迫不得已**的雄辩家，不断被对于一种强大信念的渴望和无能为之的感觉骚扰着（这便是一个典型的浪漫主义者的特点！）。对于一种强大信念的渴望并**不是一种强大信念的证据**，毋宁说适得其反。**如果一个人具有这样的信念**，那么，他可以允许自己享受一下怀疑论的奢华，因为他足够安全，足够坚定，足够自制。卡莱尔 fortissimo（高调地）敬仰具有强大信念的人物，对不太单纯的人大表愤怒，以此来麻痹自己心中的某种东西：他**需要**喧嚣。对自己怀着一种持久的、热情的**不诚实**——这就是他的 proprium（特性），他因此是并且始终是令人感兴趣的。——当然，他在英国正是因为他的诚实而大受赞赏……好吧，这是英国式的；考虑到英国人是地道的 cant（伪善）民族，就不但可以理解，甚至是理所当然的了。卡莱尔本质上是一个英国无神论者，但他却以**不是**无神论者求荣。

13

爱默生。——比卡莱尔开明、逍遥、复杂、精巧得多,尤其是幸运得多……是这样一个人,他纯粹本能地靠美食为生,而把消化不了的东西留在事物中。与卡莱尔相比,他是一个有鉴赏力的人。——卡莱尔很喜欢他,尽管如此,还这么说他:"他不给**我们**足够的东西来咀嚼。"这话说得公正,但无损于爱默生。——爱默生有一种宽厚聪慧的快活性情,足以消解一切认真态度;他全然不知道他已多么年老以及他仍将多么年轻——他可以用维迦[1]的一句话来说自己——Yo me sucedo a mi mismo(我继承我自己)。他的灵魂总是能找到满足甚至感激的理由;他有时达到了那个老实汉子的快活的超然境界,这个汉子从一次情人幽会中 tamquam re bene gesta(仿佛圆满完了事)返回,他感激地说:"Ut desint vires, tamen est laudanda voluptas(即使力量不足,享乐仍值得称赞)。"

14

反达尔文。——关于著名的"**生存竞争**",我目前认为,与其说它已被证明,不如说它是一种武断。它发生过,却是作为例外;生命的总体方面**不是**匮乏和饥饿,而是丰富、奢华乃至荒唐的浪费——凡有竞争之处,都是为**权力**而竞争……不

---

[1] 维迦(Lope de Vega,1562—1635),西班牙戏剧家。

应当把马尔萨斯[1]与自然混为一谈。——不过，假定真有生存竞争——事实上它发生着——那么，可惜其结果和达尔文学派的愿望相反，和人们或许**可**以同他们一起愿望的相反，也就是说，对强者、优秀者、幸运的例外者不利。物种**并不**走向完善：弱者总是统治强者——因为他们是多数，他们也**更精明**……达尔文忘记了精神（这是英国式的！），**弱者有更多的精神**……一个人需要精神，才能获得精神——当他不再需要它之时，他就失去它了。谁强大，谁就放弃精神（在德国人们现在这样想："精神滚蛋吧——**帝国必须留给我们**"……）。人们知道，我所说的精神是指预见、忍耐、狡计、伪装、巨大的自我克制以及一切是 mimicry（模仿）的东西（所谓德行的大部分都属于这最后一项）。

15

心理学家判析。——这是一位知人行家，他究竟为何要研究人呢？他想在他们身上谋取小利，甚至是大利——他是一个政客！……那一位也是个知人行家，而你们说，他不想借此获取任何利益，这是一位伟大的"无私者"罢。仔细看看吧！也许他是想获取一种**更可恶的**利益，即感到自己比别人优越，可以俯视他们，不再把自己和他们混淆。这位"无私者"是一个**蔑视**人类者；而前面那位却是比较人性的种类，这是凭

---

1 马尔萨斯（Thomas Robert Malthus，1766—1834），英国社会学家，提出著名的人口增长导致贫困的理论。

观察可以断定的，至少他把自己摆在平等的地位，他把自己**摆进去**……

16

我由一系列例子发现，德国人的**心理节奏**颇成问题，我的谦虚阻止我展示这些例子的清单。有一个例子对我却很有诱惑，使我要去论证我的命题：我怨恨德国人在**康德**及其"后门哲学"（如我所命名的）的问题上弄错了——这**不是**智性正直的典型。——我不堪听的另一样东西是声名狼藉的"和"：德国人说"歌德和席勒"——我担心他们说"席勒和歌德"……难道人们**不了解**这个席勒？——还有一个更糟的"和"；我亲耳（不过只是在我们的大学教授中）听到过"叔本华和哈特曼[1]"……

17

最富精神性的人们，他们必首先是最勇敢的，也在广义上经历了最痛苦的悲剧。但他们正因此而尊敬生命，因为它用它最大的敌意同他们相对抗。

18

论"**良知**"。——在我看来，今日没有什么比真正的虚伪更为罕见了。我很怀疑，这种植物受不了我们文化的温馨气氛。虚伪属于有强大信仰的时代，在那时，人们甚至在**被迫**

---

[1] 哈特曼（Eduart von Hartmann，1842—1906），德国哲学家。

接受另一种信仰时,也不放弃从前的信仰。今日人们放弃它;或者更常见的是,再添上第二种信仰——在每种场合他们都依然是**诚实**的。毫无疑问,与过去相比,今日能够有数目大得多的信仰,所谓能够,就是说被允许,就是说**没有危险**。由此产生了自我宽容。——这种自我宽容许可有多种信仰,它们和平共处——它们谨防自己丢丑,就像今日全世界都在做的那样。今日一个人怎样才丢丑?在他矢志如一的情况下。在他一条路走到底的情况下。在他不模棱两可的情况下。在他秉性纯正的情况下……我很担心,对于有些罪恶而言,现代人简直是过于懒散了,以致这些罪恶正在灭绝。一切以坚强意志为前提的恶——也许不存在无坚强意志的恶——在我们的温暖空气中正在蜕化为德行……我所知道的少数几个虚伪者是在模仿虚伪,他们是戏子,就像当今几乎每十人中有一人是戏子一样。

19

美与丑。——没有什么比我们对美的感觉更有条件,毋宁说**更受限制**的了。如果试图离开人对人的愉悦去思考美,就会立刻失去根据和立足点。"自在之美"纯粹是一句空话,从来不是一个概念。在美之中,人把自身树为完美的尺度;在精选的场合,他在美之中崇拜自己。一个物种舍此便不能自我肯定。它的**至深**本能,自我保存和自我繁衍的本能,在这样的升华中依然发生作用。人相信世界本身充满着美——他**忘了**自己是美的原因。唯有他把美赠予世界,唉,一种人性的、太人性的美……归根到底，人把自己映照在事物里，他又把一切反映他的形象的事物认作美的："美"的判断是他的**族类虚荣心**……一个小小的疑问或许会在怀疑论者耳旁低语：人认为世界是美的，世界就真的因此被美化了吗？人把世界**人化**了：仅此而已。然而，无法担保，完全无法担保，人所提供的恰好是美的原型。谁知道人在一位更高趣味的判官眼里是什么模样呢？也许是胆大妄为的？甚至也许是令人发笑的？也许是稍许专断的？……"啊，狄俄尼索斯，天神，你为何拉我的耳朵？"在拿克索斯的一次著名对话中，阿莉阿德尼[1]这样问她的哲学情人。"我在你的耳朵上发现了一种幽默，阿莉阿德尼，为何它们不更长一些呢？"

<h2 style="text-align:center">20</h2>

没有什么是美的，只有人是美的：在这一简单的真理上建立了全部美学，它是美学的第一真理。我们立刻补上美学的第二真理：没有什么比**衰退的人**更丑了——审美判断的领域就此被限定了。——从生理学上看，一切丑都使人衰弱悲苦。它使人想起颓败、危险和软弱无能；在它旁边，人确实丧失了力量。可以用功率计测出丑的效果。只要人在何处受到压抑，他就可估出某种"丑"的东西近在身旁。他的权力感，他的求权力的意志，他的勇气，他的骄傲——这些都随丑的东西跌落，随美的东西高扬……在这两种场合，**我们得出同一**

1　希腊神话中克里特王弥诺斯的女儿，后嫁给酒神狄俄尼索斯。

个结论：美和丑的前提极其丰富地积聚在本能之中。丑被看作衰退的一个暗示和表征：哪怕极间接地令人想起衰退的东西，都会使我们做出"丑"这个判断。每种枯竭、笨重、衰老、疲惫的征兆，每种身不由己，不论痉挛或瘫痪，特别是解体和腐烂的气味、颜色、形状，哪怕最终弱化为一个记号——这一切都引起同样的反应，都引起"丑"这个价值判断。在这里，一种憎恶之情油然而生：人憎恶什么呢？毫无疑问，**憎恶**他的类型的衰落。他出于至深的族类本能而憎恶；在这憎恶中有惊恐、审慎、深刻、远见——这是世上最深刻的憎恶。因为这，艺术是**深刻的**……

21

叔本华。——叔本华，这最后一个值得注意的德国人（如同歌德、黑格尔和亨利希·海涅，他是一个**欧洲**事件，而**不仅仅**是一个本地事件、一个"民族"事件），对心理学家来说是一个头等案例：作为一个恶作剧式的天才尝试，想要虚无主义地根本贬低生命，却把正相反对的判决，"生命意志"的伟大的自我肯定，生命的蓬勃形态，引出了场。他依次把**艺术**、英雄主义、天才、美、伟大的同情、知识、求真理的意志、悲剧都解释为"否定"或渴望否定"意志"的产物——除了基督教，这便是历史上有过的最大的心理学的伪币制造行为。仔细考察，他在这方面只是基督教解释的继承者，不过他尚知道把基督教所**拒绝**的东西，即人类伟大的文化事业，仍然在一种基督教的也就是虚无主义的意义上加以**赞成**（作为通向

"解脱"之路，作为"解脱"的前奏，作为激起"解脱"欲望的刺激剂……）。

22

我举一个例子。叔本华以一种忧伤的激情谈论**美**——归根到底是什么？因为他在其中看到了一座人们在上面继续走下去或渴望继续走下去的**桥梁**……在他看来，它便是从"意志"的暂时解脱——它吸引人们追求永久解脱……尤其是他把它评价为使人摆脱"意志的焦点"即性欲的救星——他在美之中看到生殖冲动**被否定**……奇怪的圣人！我担心大自然会借随便哪个人之口来反驳你。在大自然里，声音、颜色、气味、有节奏的运动等的美究竟**为何存在**？是什么**促使美显现**？——幸而反驳他的还有一位哲学家。不亚于神圣的柏拉图（叔本华自己这样称呼他）的一个权威认为另一种意见是正确的：一切美都刺激生殖——这正是美的效果的 proprium（特性），从最感性的上升到最精神性的……

23

柏拉图走得更远。他带着一种无罪感——为了具有这种无罪感，一个人必须是希腊人而不是"基督徒"——说，如果没有如此美貌的雅典青年，就根本不会有柏拉图哲学：他们的流盼使哲学家的灵魂情意缠绵，荡漾不宁，直到它把一切崇高事物的种子栽入这片美丽的土壤里。又一个奇怪的圣人！——人们简直不相信自己的耳朵了，但要假定他们相信

119

柏拉图。他们至少会猜到，在雅典，是以**不同的方式**，特别是公开的方式从事哲学的。没有什么比一个隐士编织概念的蛛网，比斯宾诺莎式的 amor intel lectualis dei（对神的知性之爱）更不是希腊的了。按照柏拉图的方式，哲学毋宁可以定义为一场情欲的竞赛，对古老的竞技体操及其**前提**的一种深究和沉思……从柏拉图的这种哲学情欲里，最终生长出了什么呢？希腊竞技的一种新的艺术形式——辩论术。——我还想起一个**反对**叔本华而支持柏拉图的事实：**古典**法国的全部高级文化和文学，都是在性兴趣的土壤上生长起来的。在其中人们随处可以寻找献殷勤、性感、性竞争、"女人"，——绝不会徒劳地寻找的……

24

L' art pour l' art（为艺术而艺术）。——反对艺术中的目的之斗争，始终是反对艺术中的道德化倾向，反对把艺术隶属于道德的斗争。为艺术而艺术意味着："让道德见鬼去吧！"然而，这种敌视仍然暴露了受成见的支配。如果把道德劝诫和人性改善的目的从艺术中排除出去，那么，不用多久就会产生一个后果：艺术完全是无目的、无目标、无意义的，简言之，为艺术而艺术的——一条咬住自己尾巴的蠕虫。"宁肯全无目的，胜于有一个道德目的！"——纯粹的激情如此说。一位心理学家反问：全部艺术何为？它不赞美吗？它不颂扬吗？它不选择吗？它不提拔吗？它以此**加强**或**削弱**某种价值评价……这只是雕虫小技？只是细枝末节？艺术家的本能全然不参与其事？或者相反：这岂非艺术家之**所能**的先决条件？艺术家的至深本能岂非与其说是指向艺术，毋宁说是指向艺术的意义——**生命**？指向**生命的热望**？——是生命的伟大**兴奋剂**：怎么能把它理解为无目的、无目标、为艺术而艺术的呢？——还有一个问题：艺术也表现生命的许多丑的、严酷的、可疑的方面——它岂非因此也好像诉病生命了？——事实上，有的哲学家就宣扬艺术的此种意义：叔本华把"舍弃意志"说成艺术的全部目的，把"产生听天由命的情绪"奉为悲剧的伟大功用。——但是，我早已阐明，这是悲观主义者的光学，是"恶的眼光"——必须诉诸艺术家本身。**悲剧艺术家传达自身的什么**？难道不正是在他所显示的可怕可疑事物面前的无所畏惧的状态？——这状态本身就是令人热望的；凡了解它的人，都对它怀有最高的敬意。他传达它，他**不得不传达它**，只要他是艺术家，一个传达的天才。面对一个强大的敌人，面对一种巨大的不幸，面对一个令人恐惧的问题，而有勇气和情感的自由——这样一种**得胜**的状态，被悲剧艺术家选中而加以颂扬。在悲剧面前，我们灵魂里的战士庆祝他的狂欢节；谁习惯于痛苦，谁寻求痛苦，**英雄气概**的人就以悲剧来褒扬他的生存——悲剧诗人只是为他斟这杯最甜蜜的残酷之酒。

25

　　将就别人，敞开心扉，这是宽厚，但只是宽厚而已。人们发现有些心灵娴于高贵的好客，其上有许多遮严的窗户和紧闭的百叶窗板：它们让自己最好的房间空着。为什么呢？——因为它们等待着**无人**"将就"的客人……

26

当我们传达自己时，我们便不再充分地评价自己。我们真正的体验全然不是饶舌的。它们即使愿意，也不能够传达自己。因为它们缺乏语词。当我们把某种体验形诸语词时，我们已经失落这种体验了。在一切言谈中都有一点儿蔑视。语言似乎只是为平均的、中庸的、可传达的东西发明的。说话者业已用语言使自己**平庸化**。——来自聋哑人和别的哲学家的一种道德。

27

"这幅美丽的画像多么迷人！"……这个女文人，不满，激动，心灵和内脏一片荒凉，每时每刻怀着痛苦的好奇心倾听从她机体深处低声发出的命令：aut liberi aut libri（或者孩子，或者书）。这个女文人，有足够的教养领悟自然的声音，哪怕它说的是拉丁语；另一方面又有足够的虚荣和愚蠢，哪怕在私下也用法语对自己说：je me verrai, je me lirai, je m'extasierai et je dirai : Possible, que j'aie eu tant d' esprit ?（我将观看我自己，我将朗读我自己，我将迷恋我自己，并且我将说：我竟有这么多精神，这可能吗？）……

28

"无私者"发表高论。——"对我们来说，没有比智慧、忍耐、冷静更容易的事了。我们浸透了宽容和同情的油膏，我们以一种荒谬的方式而合理，我们宽恕一切。正因此我们应该更严格地坚持一点什么，正因此我们应该不断**培育**一小点儿情绪的冲动，一小点儿情绪冲动的罪恶。这对我们来说并非快事；我们之间也许私下会嘲笑我们这样看问题的角度。可是有什么办法呢！我们再也没有别的自我克服的方式了：这是**我们的禁欲主义，我们的赎罪**"……**变成自私的**——这是"无私者"的德行……

29

出自一次博士考试。——"一切高等教育的任务是什么？——把人变成机器。——"用什么方法？"——他必须学会厌倦自己。——"怎样做到这一点？"——通过义务观念。——"谁是他在这方面的榜样？"——教人**死记硬背**的古典语文学家。——"谁是完人？"——国家官员。——"什么哲学提供了国家官员的最高公式？"——康德哲学：作为自在之物的国家官员当法官，审判作为现象的国家官员。

30

做蠢事的权利。——疲惫而呼吸迟缓的工作者，目光亲切，对事物听其自然：在现在工作的（以及"帝国"的！）时代，这种角色在社会各阶层中都可以遇到，如今他们也要求享有艺术了，包括书籍尤其报刊——甚至美丽的自然，意大利……这些迟暮之人，有着浮士德所说的"安眠的野蛮本能"，需要避暑、海水浴、滑冰、拜洛伊特……在这样的时代，艺术有权做**纯粹的蠢事**——作为精神、诙谐和情感的一种休假。瓦格纳懂得这一点。**纯粹的蠢事使人复原**……

31

又一个养生问题。——尤里乌斯·恺撒[1]用来防止疾病和头痛的办法：长途行军，极简朴的生活方式，坚持住在户外，不停地操劳——一般说来是对付那种精致的、在最高压力下工作的机器的极端易损性的保养措施，这种机器名叫天才。

32

非道德主义者的话。——对一个哲学家来说，没有什么比**正在愿望的人**更违背他的趣味了……当他只在人行动时看见人，当他看见这最勇敢、最狡猾、最坚忍的动物迷失在迷宫般的困境中时，他觉得人是多么值得赞叹！他还鼓励他们……可是，哲学家蔑视愿望着的人和"可愿望的"人——以及一般来说一切可愿望的东西、人的一切**理想**。如果说一个哲学家可能是虚无主义者的话，那么他便是，因为他在人的一切理想背后发现虚无。甚或不是虚无——而只是毫无价

---

[1]　尤里乌斯·恺撒（Gaius Julius Caesar，公元前100—公元前44），古罗马政治家、军事家、大独裁者。

值、荒谬、病态、懦弱、疲惫的东西，从**饮干的**人生酒杯中倒出的各种渣滓……现实中的人如此值得尊敬，为何他一旦愿望，就不值得尊重了呢？他必须为他在现实中如此能干而受罚吗？他必须在虚构和荒谬的东西中放松四肢，以此平衡他的行动以及一切行动中的大脑和意志的紧张吗？——迄今为止的人的意愿史是人的 partie honteuse（可耻部位），应当谨防太久地读它。为人辩护的是他的现实——它永远为他辩护。与随便哪个纯粹愿望中的、梦想中的、卑鄙地捏造出来的人相比，与随便哪个**理想的**人相比，现实的人何其有价值？——而只有理想的人才违背哲学家的趣味。

33

利己主义的自然价值。——自私的价值取决于自私者的生理学价值：它可能极有价值，也可能毫无价值、令人鄙视。每一个人均可根据他体现生命的上升路线还是下降路线而得到评价。确定这一点之后，他的自私有何价值的问题也就有了一个标准。如果他体现上升路线，那么事实上他的价值是异乎寻常的——而为了那个凭借他而**继续**迈进一步的总体生命的利益，可以极端地关心他的最佳条件的保持和创造。个人，"个体"，按照民众和哲学家迄今为止所理解的那样，肯定是一个错误。个人绝非自为的，不是一个原子，不是"链中之一环"，绝不仅仅是过去的遗传物——他还是到他为止人的一条完整的路线本身……如果他体现下降、衰落、慢性的蜕化、疾病（——疾病大多已经是衰落的结果而非原因），那么他甚无价值，而且最高公正要求他尽可能少向发育良好者**挪用**。他纯粹是后者的寄生虫……

34

基督徒和无政府主义者。——无政府主义者是衰落的社会阶层的喉舌，当他们义愤填膺地要求"权利""公正""平等"之时，他们仅仅受着他们的愚昧的支配，不知道他们究竟**为何受苦**——他们缺乏**什么**，缺乏生命……他们身上追根究源的冲动十分强烈：必须有人对他们处境不好负责……甚至"义愤填膺"本身就已使他们感到愉快，骂人对一切穷鬼来说是一种满足——它提供了一种小小的权力陶醉。即使抱怨和哀叹也能赋予生活一种魅力，使人可以忍受它。在任何抱怨中都有一种精巧的**复仇**，人们因为自己的坏处境，有的甚至因为自己的坏品质而责备与他们不同的人，就像责备一种不公正、一种**不能容许**的特权一样。"如果我是混蛋，那么你也应该是混蛋"：人们根据这样的逻辑闹革命。——哀叹在任何场合都无用，它源自软弱。一个人把自己的坏处境归罪于别人还是**自己**——前者如社会主义者，后者如基督徒——并无真正的区别。两者的共同之处，我们也可以说是**不体面之处**，便是有人受苦，就应当有人为此**负责**——简言之，便是受苦者为自己开一服解苦的复仇蜜糖。这种复仇需要是一种对于**快乐**的需要，其对象是可能的原因：受苦者到处寻找用来发泄其渺小复仇欲的原因——再说一遍，如果他是基督徒，他就在**自己**身上寻找它……基督徒和无政府主义者——两者都是颓废者。——可是，当基督徒谴责、诽谤、诬蔑"世界"之时，他这样做是出于一种本能，社会主义工人出于这同一种本能而谴责、诽谤、诬蔑**社会**："最后审判日"仍是甜蜜的复仇安慰——革命，就像社会主义工人所期待的革命一样，只是被设想得更遥远一些罢了……"彼岸"——倘若它不是诬蔑此岸的手段的话，要一个彼岸有何用？……

35

颓废道德批判。——一种"利他主义"道德，一种使自私萎缩的道德，在任何情况下都始终是一个坏征兆。这一点适用于个人，这一点绝对适用于民族。一旦没有了自私，也就没有了最好的东西。本能地择取对**己**有害的东西，受"无私的"动机**吸引**，这差不多为颓废提供了公式。"不谋**私利**"——这纯粹是一块道德遮羞布，用来掩盖一个完全不同的事实，即"我不再懂得**找到**我的利益"这一生理事实……本能的崩溃！——当一个人变得利他之时，他也就完了。——颓废者口中的道德谎言不是质朴地说："**我不再有任何价值**"；而是说："没有什么东西有价值——**生命**毫无价值"……这样一种判断归根到底总是一种巨大危险，它有传染性——在整个社会的病态土壤上很快就滋生为茂盛的热带观念植物，时而作为宗教（基督教），时而作为哲学（叔本华主义）。有时候，这种长自腐烂中的有毒植物的气体会久远地、数千年地毒害**生命**……

36

医生的道德。——病人是社会的寄生者。在一定情形下,更久地活下去是不体面的。在生命的意义和生命的**权利业**已丧失之后,卑怯地依赖医生和医术苟活,理应在社会上招致深深的蔑视。而医生应当是这种蔑视的媒介——给他的病人开的不是药方,而是每天一剂新的**厌恶**……赋予医生一种新的责任,凡是生命、**上升**生命的最高利益要求无情排斥和扼杀**衰败**生命的场合,都要他负责任——例如决定生育权、出生权、生存权……当不再能骄傲地活着时,就骄傲地死去。自愿选择的死,适时的死,心境澄明而愉悦,执行于孩童和见证之中,因而能在辞别者**还在场**的情形下作一个真正的告别,同时也对成就和意愿作一个真正的估价,对生命作一个**总结**——这一切同基督教在弥留时刻演出的可怜复可怖的喜剧正好相反。千万不要忘记,基督教是在滥用临死者的软弱以强奸良心,滥用死的方式判定人及其一生的价值!——在这里,应该毫不畏惧成见,尤其是要确定所谓**自然死亡**的真正的亦即生理的价值:它归根到底也只是一种"非自然"的死亡,一种自杀。一个人绝非死于他人之手,而是死于自己之手。只不过它是在最可蔑视的条件下的死,一种不自由的死,一种**不适时的死**,一种**懦夫的死**。一个人应当出于热爱**生命**而希求另一种死,自由,清醒,并非偶然,并非猝不及防……最后,向悲观主义者先生们和其他颓废者进一言:我们不能阻止自己的出生,但是我们能够改正这个错误——因为有时这是个错误。当一个人**清除掉**了自己,他便做了世上最值得尊敬的事情,他因此差不多不枉活了这一生……社会——我说什么呀！——和**生命**本身由此获得的利益要比靠随便哪种听天由命、贫血或其他德行的"生活"所获得的更多；因为他使别人摆脱了他的景象，他使生命摆脱了一种**异议**……纯粹的、严格的悲观主义只有通过悲观主义者先生们的自我反驳**才得到证明**：一个人必须把他的逻辑推进一步，不是像叔本华那样仅仅用"意志和表象"否定生命——他必须**首先否定叔本华**……顺便说说，尽管悲观主义如此富于传染性，毕竟没有增加整个时代、整个世代的疾病，它只是这种疾病的表现。一个人屈服于它，正如屈服于霍乱一样，他业已病弱得不能不屈服了。悲观主义本身没有增添一个颓废者；我想起了统计结果：在霍乱流行的年份，死亡总数与别的年份并无不同。

37

我们是否变得更道德了。——正如所预料的，道德上的愚蠢化——众所周知，这在德国被视为道德本身——以其十足的**专横性**起来反对我的《善恶的彼岸》的观点了，我要讲述这方面的优雅的故事。人们要我深思我们时代在道德判断方面的"无可否认的优越性"，我们在这方面实际做出的**进步**：和**我们**相比，一位博尔吉亚[1]确乎不能被看作一个"更高尚的人"，一种我所说的"**超人**"……一个瑞士人，《联邦报》的编

1　博尔吉亚（Cesare Borgia，1474—1507），意大利大主教、政治变革者。

辑，走得如此之远，在对从事如此冒险的勇气略表敬意之后，竟"理解"了我的著作的意义在于，我要用它来废除一切正派的情感。十分感谢！——作为答复，请允许我提出这个问题：**我们是否变得更道德了**？全世界都相信这一点，这本身即已令人对之发生异议……我们现代人，极其脆弱，极其敏感，互相关怀备至，千思百虑，便在事实上产生了错觉，以为我们所体现的这种脆弱的人性，在爱护、帮助、互相信任方面所**达成**的这种齐心协力，似乎是一种积极的进步了，借此我们似乎远远超过了文艺复兴时代的人们。然而，每个时代都这么想，也**必定**这么想。确实，我们不能置身于，甚至不能深入设想文艺复兴状态：我们的神经受不了那种现实，更不用说我们的肌肉了。但是，这种无能所证明的不是进步，倒是一种不同的、一种晚期的状况，一种更软弱、更脆弱、更敏感的状况，从中必然产生出一种**顾虑重重的**道德。如果我们想象一下没有我们的脆弱和迟暮，我们生理上的老化，那么，我们的"人性化"的道德也就立刻丧失了它的价值——没有一种道德自在地具有价值——我们自己就会蔑视它。另一方面，我们也不要怀疑这一点：我们现代人的裹着厚棉被、完全经不起任何石块碰撞的人性，在博尔吉亚的同时代人眼中必是一出笑死人的喜剧。事实上，我们的现代"德行"使我们不由自主地显得极其可笑……敌对本能和警觉本能衰弱——这就是我们的所谓"进步"——只是**生命力**普遍衰弱的结果之一：要苟延一个如此附有条件、如此迟暮的生命，必须付出百倍的努力和审慎。在这里，人们互相帮助，每个人某种程度上都是病人，又都是护士。这就叫作"德行"；在生命尚能有所不同的人们中，在生命更丰富、更挥霍、更洋溢的人们中，它的名称也有所不同，也许叫作"懦弱""可怜""老太婆道德"……我们习俗的柔化是衰退的一种结果——这是我的命题，如果愿意，也可说是我的**革新**；相反，习俗的严峻和可怕可能是生命力充沛的一种结果，因为如此才可以有很多冒险、很多挑战、很多浪费。从前是生命的佐料的东西，对于我们却是**毒药**……淡漠也是坚强的一种形式，而我们是过于老迈、过于迟暮了，同样无能为之；我们的同情道德，我是第一个要人们警惕它的人，人们不妨称之为 l'impressionisme morale（道德感伤主义），它是一切颓废者固有的生理过敏的一种表现。那个试图借叔本华的**同情道德**赋予自身以科学形态的运动——一个极不成功的尝试！——乃是道德领域的真正颓废运动，作为这样的运动，它与基督教道德深深地一脉相承。坚强的时代、**高贵**的文化把同情、"邻人爱"、缺乏自我和自爱看作某种可鄙的品质。——时代是按照自身的**积极力量**而得到估价的——因此，那个如此挥霍和多灾多难的文艺复兴时代乃是作为最后一个**伟大**时代而出现的，而我们，我们现代人，却因为我们胆怯的自我操心和邻人爱，我们的勤劳、谦虚、公正、科学——热衷于搜集，节俭，刻板——的美德，而成为一个**衰弱的**时代……我们的德行是由我们的衰弱所决定、所**要求**的……"平等"，一种事实上的雷同化，所谓"平权"理论仅是其表达方式，本质上属于衰落。人与人、阶层与阶层之间的鸿沟，类型的多样化，自我实现、自我提高的意志，我称这一切为**距离的激情**，它们是每个坚强时代所固有的。如今，极端之间的张力和跨度日益缩小了——极端本身终于消失而成为雷同……我们的一切政治理论**和**国家宪法，"德意志帝国"绝非例外，都是衰落的必然结论和后果；颓废的无意识影响竟至于支配了具体学科的理想。我对整个英国和法国的社会学一直存有异议，它们从经验中只了解到社团的**衰败形态**，并且完全不知羞耻地把自身的衰败本能用作社会价值判**断标准**。**衰落**的生命，一切组织力即分离、挖掘鸿沟、使人服从和指挥的力量的丧失，在今日的社会学中被设定为**理想**……我们的社会主义者是颓废者，但赫伯特·斯宾塞[1]先生也是一个颓废者——他在利他主义的胜利中看到了某种值得盼望的东西！……

38

我的自由观。——一件事物的价值有时候并不在于靠它所获得的，而在于为它所付出的——它使我们所**花费**的。我举一个例子。自由主义机构一旦建立，就立刻不再是自由主义的了，此后没有比自由主义机构更加严重和彻底地损害自由的东西了。人们诚然知道它们做了些**什么**：它们暗中损害权力意志，它们拉平山岳和沟壑，并将此抬举为道德；它们渺小、怯懦而又沾沾自喜地行事——畜群动物总是靠了它们而高奏

1　赫伯特·斯宾塞（Herbert Spencer，1820—1903），英国哲学家、社会学家。

凯歌。直截了当地说,自由主义就是使人类**畜群化**……这同一种机构只要它们还将以战斗争取什么,就会发生迥异的作用;它们就在事实上以一种强有力的方式促进自由。仔细看来,发生这种作用的是战争,为自由主义机构而进行的战争,它作为战争而使**非自由主义的**本能得以延续。而战争则教育人走向自由。因为,什么是自由?就是一个人有自己承担责任的意志;就是一个人坚守分离我们的距离;就是一个人变得对艰难、劳苦、匮乏乃至对生命更加不在意;就是一个人准备着为他的事业牺牲人们包括他自己。自由意味着男性本能、好战喜胜本能支配其他本能,例如支配"幸福"本能。**变得自由的**人,尤其是变得自由的**精神**,践踏着小商贩、基督徒、母牛、女人、英国人和其他民主分子所梦想的可怜的舒适。自由人是**战士**。——在个人抑或在民族,自由依据什么来衡量呢?依据必须克服的阻力,依据保持**在上**所付出的努力。自由人的最高类型必须到最大阻力被不断地克服的地方去寻找:离暴政咫尺之远,紧挨被奴役的危险。这在心理学上是真实的,因为一个人在"暴君"统治下领悟了无情的、可怕的本能,它要求最大限度的权利和自我训练——尤里乌斯·恺撒是最光辉的典范;这在政治上也是真实的,只要回顾一下历史就可以了。曾经有一定价值、**变得**有一定价值的民族绝不是在自由主义机构下变得如此的,**巨大的危险**在它们身上造就了某些值得敬畏的品质,危险教导我们开始认识我们的救助手段,我们的德行,我们的盾和矛,我们的**精神**——危险**迫使**我们自强……**第一**原理:一个人必须有必要坚强,否则绝不会坚强。——迄今为止那些培育坚强、最坚强类型的人的伟大温室，罗马和威尼斯类型的贵族社会，深知我所理解的含义上的自由：它是一个人所具有而又**不**具有的东西，一个人所**想望**的东西，一个人所**赢得**的东西……

39

现代性批判。——我们的机构已经毫无用处，对此大家都有同感。但是，责任不在它们，而在**我们**。在我们丢失了机构由之生长的一切本能之后，我们也就丢失了这些机构，因为**我们**不再适合于它们。民主主义在任何时代都是组织力衰退的形式，我在《人性的，太人性的》第一卷第318节中业已把现代民主政治及其半成品，如同"德意志帝国"一样，判为**国家的没落形式**。凡有机构，就必有一种意志、本能、命令，反自由主义到了恶毒的地步；必有要求传统、权利、世纪以上的责任、承上启下无限延续的世代的**团结**的意志。如果有了这样的意志，那么，类似罗马帝国的东西就有了根基；或者类似俄国，它是今日有肉体活力、能够等待、尚可许诺一点东西的**唯一权力**——俄国是欧洲可怜的渺小政治和神经过敏的对立概念，后者随着德意志帝国的建立而进入了一种危急状态……整个西方不再具有机构从中长出、**未来**从中长出的那种本能：也许没有什么东西如此不合它的"现代精神"了。人们得过且过，活得极其仓促——活得极其不负责任：却美其名曰"自由"。把机构**造就**成机构的那种东西遭到蔑视、憎恨、排斥，只要听到"权威"这个词，人们就认为自己面临新的奴役的危险。我们的政治家、我们的政党的价值本能中的颓废已达到如此地步：他们**本能地偏爱**造成瓦解、加速末日的东西……证据是**现代婚姻**。现代婚姻显然丧失了一切理性，但这并非要反对婚姻，而是要反对现代性。婚姻的理性基于男人的法律责任，婚姻因此而有重心，今天它却是双腿跛行。婚姻的理性基于它原则上的不可解体性质，它因此获得一种音调，面对情感、激情和机遇的偶然事件，这种音调懂得**让自己得到聆听**。婚姻的理性也基于家庭所承担的选种责任。由于对**爱情**结婚的癖好持愈来愈宽容的态度，简直是清除了婚姻的基础，即最初把婚姻**造就成**一种机构的那种东西。人们绝不在一种过敏反应的基础上建立一个机构，如上所述，人们**不在**"爱情"的基础上建立婚姻——而是把它建立在性冲动、财产冲动（女人和孩子是财产）、**统治冲动**的基础上；最后，这种冲动不断为自己组织最小的统治单位——家庭，它**需要**孩子和后嗣，以便也在生理上保持权力、影响、财富的一个已达到的尺度，以便为长期使命、为世纪之间的本能团结预做准备。婚姻作为机构业已包含着对最伟大、最持久的组织形式的肯定：如果社会本身不能作为整体为自己向最遥远的世代**做出担保**，那么婚姻就毫无意义。——现代婚姻已经**丧失**其意义——所以人们废除了它。

40

工人问题。——愚昧，透底地说，作为今日**一切**愚昧的原因的本能之退化，就在于存在着一个工人问题。**不对特定的**

事情**发问**：本能的第一命令。——我完全看不出，自从人们把欧洲工人当作一个问题提出来以后，究竟想拿他们干什么。他们情况相当好，用不着愈来愈多、愈来愈放肆地提出问题。他们终究是多数。在这里，一种淳朴知足的人、一种中国人类型本来会形成阶层，这本来是合理的，简直是必然的，但这个希望已完全消逝。人们在做什么？——在竭力把这方面的条件毁于萌芽状态——人们以不负责任的马虎态度根本毁坏了一种本能，凭借这种本能，工人才能形成阶层，才能成为**自身**。人们使工人能武善战，给他们结社权和政治投票权。倘若工人如今已经觉得他们的生活乃是一种困境（用道德语言说即是**不公正**），这又有什么奇怪呢？然而再问一遍，人们**想要**什么？如果一个人想要一个目标，那么也就必须想要手段，如果一个人想要奴隶，却又去把他们教育成主人，那么他就是一个傻瓜。

41

"我指的**不是自由**……"——在今天这样的时代，放任本能更是一种灾难。这些本能彼此矛盾、干扰、破坏；我业已把**现代**定义为生理上的自相矛盾。教育理性要求，至少应使这些本能系统中的一个在铁的压力下**瘫痪**，以便允许另一个变得强大有力，起支配作用。在今天，也许只有对个人进行**修剪**，才能使个人成为可能，所谓可能也就是**完整**……事实却相反：正是那些每条缰绳都已**松弛**的人，在最激烈地要求独立、自由发展、laisser aller（放任主义）。——在政治领域是这样，在艺术领域也是这样。但这是**颓废**的一个征兆,我们现在的"自由"观念更是本能退化的一个证据。

42

何处必须有信仰。——在道德家和圣人中,没有什么东西比诚实更为罕有了;也许他们说的是相反的东西,甚至也许他们**信仰**的是相反的东西。因为当一种信仰比**自觉**的虚伪更加有利、有效、令人信服之时,那么,出于本能,虚伪立刻就变得**无辜**了:理解大圣人的第一原理。在另一种圣人即哲学家那里,这也带有一整套手艺,使他们只容许某些真理,即那种使他们的手艺获得**公众**批准的真理——用康德的方式来说,就是**实践理性**的真理。他们知道,他们**必须**证明什么,在这方面他们是实际的——他们彼此心照不宣,他们就"真理"达成协议。——"你不应说谎"——直截了当地说:您,我的哲学家先生,**要谨防说真理**……

43

说给保守党人听。——人们过去不知道什么,人们现在知道、能够知道什么——任何意义上和程度上的**退化**、倒退都是完全不可能的。至少我们生理学家知道这一点。然而,所有牧师和道德家却都相信那是可能的——他们**想**把人类带回到、**拧紧**在一种**过去的**道德规范上。道德曾经一直是一张普洛克路斯忒斯[1]之床。连政治家们在这方面也模仿道德传道士：今天还有些政党在梦想万物**像螃蟹一样倒行**，以此为自己的目标。但是，没有人可以随意做螃蟹。毫无办法，人们**必须**前进，也就是说，**一步步颓废下去**（这是我给现代"进步"下的定义……）。人们可以**阻碍**这个进程，通过阻碍，堵截和积聚蜕变本身，使之来得更猛烈、更**骤然**，他们不能做得更多了。

44

我的天才观。——伟人如同伟大时代一样，是积聚着巨大能量的爆炸物；其历史的和生理的前提始终是，他们身上长久地搜集、积累、节省、保存着能量——长久地不发生爆炸。如果紧张度过高，那么，最偶然的刺激就足以把"天才"、"事业"、伟大命运唤入世界。与环境、时代、"时代精神"、"公众舆论"有何相干！以拿破仑为例。革命时期的法国，以及革命前的法国，原可以产生与拿破仑相反的典型，但也**产生了**拿破仑。而因为拿破仑是**另一种人**，是一个比法国的发展于蒸汽机和戏剧中的文明更强大、更悠久、更古老的文明的后裔，所以在法国他成了主人，在法国只有他**是**主人。伟人是必然的，而他们出现于其中的时代是偶然的；他们之所以几乎总是成为时代的主人，只是因为他们更强大、更古老，他们身上的积聚过程更悠久。天才与其时代的关系，犹如强与弱、

---

[1] 希腊神话中的强盗，所开旅店里有一张铁床，旅客投宿时，他把身材高的截短，矮的拉长，使之与床等长。

年老与年轻的关系，比较之下，时代总是年轻、单薄、未成年、不可靠、稚嫩得多。——关于这个问题，如今在法国（德国也一样，不过无足轻重），人们有**完全不同**的想法，在那里，一种真正的神经症患者理论，即 milieu（环境）理论，变得神圣不可侵犯，近乎是科学的，甚至还颇得生理学家的信奉，这种情形"散发着臭味"，令人产生哀思。——在英国，人们的理解也并无不同，不过没有人为此伤心。英国人顺应天才和"伟人"只有两条路：巴克尔[1]的**民主**方式或卡莱尔的**宗教**方式。——伟人和伟大时代的**危险**是异乎寻常的；种种耗竭、贫瘠尾随着他们。伟人是一个终结；伟大时代例如文艺复兴时代是一个终结。天才——创作天才和行动天才——必然是一个挥霍者，**耗费自己**便是他的伟大之处……自我保存的本能似乎束之高阁；汹涌的力的过强压迫禁止他有任何这种照料和审慎。人们把这叫作"牺牲精神"；人们赞美他的"英雄主义"，他对自身利益的漠不关心，他的献身于一个理想、一个事业、一个祖国：全都是误解……他奔腾，他泛滥，他消耗自己，他不爱惜自己——命定地，充满厄运地，不由自主地，就像江河决堤是不由自主的一样。但是，由于人们在这种易爆物身上受惠甚多，所以他们也多多回赠，例如赠予一种**高尚的道德**……这诚然是人类感恩的方式：他们**误解**他们的恩人。

---

1 巴克尔（Henry Buckle, 1821—1862），英国文化史家。

45

罪犯及其近亲。——罪犯类型是处于不利条件下的强者的类型，是一种被弄成病态的强者。他缺少荒原，缺少某种更自由更危险的自然和生存方式，在其中，凡属强者本能中进攻和防卫的素质均可**合法存在**。他的**德行**被社会拒之门外；他的最活跃的冲动只要在他身上出现，就立刻与压抑的情绪、猜疑、恐惧、耻辱交织在一起。但这几乎是促成生理退化的**药方**。谁必须秘密地做他最擅长、最爱做的事情，怀着长久的紧张、谨慎和诡谲心情，他就会贫血。而由于他从他的本能那里总是只得到危险、迫害和灾祸，他的情感也转而反对这些本能了——他宿命地感受它们了。这就是社会，我们的驯良、中庸、阉割过的社会，在其中，一个来自山岳或海洋冒险的自然生长的人必然堕落成罪犯。或者近乎必然，因为在有些场合，一个这样的人证明自己比社会更强有力，科西嘉人拿破仑便是最著名的例子。对于这里所提出的问题，陀思妥耶夫斯基[1]的证词具有重要意义——顺便说说，陀思妥耶夫斯基是我从之学到一点东西的唯一一位心理学家，他是我生命中最美好的幸遇之一，甚至要超过我之发现司汤达。这个**深刻的人**有十倍的权利蔑视肤浅的德国人，他长期生活在西伯利亚囚犯中间，发现这些被断了回到社会的归路的正直的重罪犯与他所期待的十分不同——他们差不多是用俄罗斯

1　陀思妥耶夫斯基（Фёдор Михайлович Достоевский，1821—1881），俄国伟大作家，他的长篇小说《死屋手记》描述了囚犯生活。

土地上生长得最好、最坚硬、最有价值的木材雕成的。让我们把罪犯的例子推而广之，设想那样一种天性，由于随便哪种原因，他们得不到公众赞同，他们知道他们不被视为有益有用——怀着一种贱民的感觉，人们不是平等待之，而是把他们看作被放逐、无价值、起污染作用的东西。所有这些天性在思想和举动上都有地下生活者的颜色；他们身上的每样东西都比生活在日光下的人们苍白，可是，几乎一切我们今日所赞扬的生存方式，从前都曾经生活在半坟墓的气氛中：科学家、艺术家、天才、自由思想家、演员、商人、大发明家……只要**教士**被看作最高的类型，**每种**有价值的人就会遭到贬值……我预言，这一时代正在到来，那时教士被看作**最低**的类型，看作**我们的**贱民，看作人的最不真实、最不体面的类别……我注意到，即使是现在，对于风俗的管理，是地球上，至少是欧洲有史以来最温和的；即使在这种条件下，每种怪癖，每种长久的、太长久的**地下状态**，每种不惯常、不透明的生存方式，都使人接近罪犯所完成的那种类型。所有的精神革新者都有一个时期在他们额上烙着贱民的苍白宿命的标记：**并非**因为他们被如此看待，而是因为他们自己感到有一条可怕的鸿沟，把他们同一切传统以及身处光荣中的人隔开。几乎每个天才都知道，"卡提利纳[1]式的生存"，对于已经**存在**、不再**生成**的一切的仇恨感、复仇感、暴乱感，是他的一个发展阶

1　卡提利纳（Lucius Sergius Catilina，公元前108—前62），古罗马贵族，其暴乱阴谋被西塞罗发现和挫败。

段……卡提利纳是每个恺撒的前生存方式。

46

这里视野开阔。——如果一位哲学家沉默，可能是心灵的高潮；如果他反驳自己，可能是爱；说谎可能是认知者的一种礼貌。人们不无优雅地说：il est indigne des grands coeurs de re'pandre le trouble,qu'ils ressentent（伟大的心灵去传播他们所感受到的战栗是不值得的）；不过必须补上一句：不害怕**无价值的事**同样可能是心灵的伟大。一个爱着的女人奉献她的贞操；一个"爱"着的认知者也许奉献他的人性；一位爱着的上帝变成犹太人……

47

美非偶然。——即使一个种族或家庭的美，他们全部风度中的优雅和亲切，也是人工造就的：和天才一样，那是世代努力积累的结果。人必须为好趣味奉献巨大的牺牲，必须为之做许多事，也放弃许多事——17世纪的法国在这两方面都令人赞叹，对于社交、住地、衣着、性满足必须有一个选择原则，必须爱美甚于爱利益、习惯、意见、懒散。最高原则：人独处时也不能"马马虎虎"。——精美的东西是过于昂贵的，而且下述规律始终有效：**拥有**它的人和**谋求**它的人不是同一个人。一切财产都是遗产，凡非继承来的，都是不完善的，都只是开端……在西塞罗时代的雅典，西塞罗对男人和少年远比女人美丽感到惊奇，可是，数百年间，当时的男性为此美丽付出了怎样的艰苦努力！——在这里，不要弄错了方法，仅仅训练感情和思想是无济于事的（——德国教育的巨大误解就在于此，它全然是幻想的）：人必须首先开导**躯体**。严格维持高贵、优雅的姿态，一种仅仅同不"马马虎虎"对待自己的人共处的约束力，对于变得高贵、优雅是完全足够了：两三代里，一切业已**内化**。决定民族和人类的事情是，文化要从正确的位置开始——不是从"灵魂"开始（这是教士和半教士的致命的迷信）：**正确的位置**是躯体、姿势、饮食、生理学，**其余的东西**由之产生……所以，希腊人始终是历史上**第一个文化事件**——他们懂得，他们在做必须做的事情；蔑视肉体的基督教则是人类迄今最大的不幸。

48

我所理解的进步。——我也谈论"回归自然"，虽然它其实不是一种倒退，而是一种**上升**——上升到崇高、自由甚至可怕的自然和天性，这样一种天性戏弄，并且**有权**戏弄伟大的使命……打个比方来说，拿破仑是我所理解的那种"回归自然"之一曲——例如在 rebus tacticis（迷阵战术）方面，尤其如军事家所知在战略方面。——然而卢梭——他究竟想回到哪里？卢梭，这第一个现代人，集理想主义者和 canaille（流氓）于一身；他为了能忍受他自己的观点，必须有道德的"尊严"；由于无限的虚荣心和无限的自卑感而生病。连这个躺在新时代门槛上的畸胎也想"复归自然"——再问一遍，卢梭究竟想回到哪里？——我之憎恶卢梭还**在于**大革命，它是这个理想主义者兼 canaille（流氓）的双料货的世界历史性表现。这场大革命所表演的流血闹剧，它的"不道德"，均与我无关，我所憎恨的是它的卢梭式的"**道德**"——大革命的所谓"**真理**"，它借此而始终仍在发生作用，并劝诱一切浅薄和平庸之辈向它投奔。平等学说！……但是绝不会有更毒的毒药了，因为这个学说**貌似**出于公正本身而被鼓吹，其实却是公正的**终结**……"给平等者以平等，给不平等者以不平等"——这才是公正的真正呼声，由此而推出："决不把不平等者拉平。"——围绕着这个平等学说发生的恐怖和流血事件，给这个卓越的"现代理念"罩上了一种灵光和火光，以致革命如同**奇观**一样也吸引了最高贵的灵魂。归根到底，这不是继续尊崇它的理由。——我只看到一个人对它感到**厌恶**，就像必定会感到一样——歌德……

49

歌德——不是一个德国事件，而是一个欧洲事件：一个通过回归自然，通过**上升**到文艺复兴的质朴来克服 18 世纪的伟大尝试，该世纪的一种自我克服。——他本身有着该世纪的最强烈的本能：多愁善感，崇拜自然，反历史，理想主义，非实在和革命（——革命仅是非实在的一种形式）。他求助于历史、自然科学、古代以及斯宾诺莎，尤其是求助于实践活动；他用完全封闭的地平线围住自己；他执着人生，入世甚深；他什么也不放弃，尽可能地容纳、吸收、占有。他要的是**整体**；他反对理性、感性、情感、意志的互相隔绝（——

与歌德正相反的人之类型**康德**,用一种最令人望而生畏的烦琐哲学鼓吹这种隔绝);他训练自己完整地发展,他自我**创造**……歌德是崇尚非实在的时代里的一个坚定不移的实在论者:他肯定在这方面与他性质相近的一切——他没有比那个ens realissimum(最真实的存在)即拿破仑更伟大的经历了。歌德塑造了一种强健、具有高度文化修养、体态灵巧、有自制力、崇敬自己的人,这种人敢于把大自然的全部领域和财富施予自己,他强健得足以承受这样的自由;一种不是出于软弱,而是出于坚强而宽容的人,因为在平凡天性要毁灭的场合,他仍懂得去获取他的利益;一种无所禁忌的人,除了**软弱**,不管它被叫作罪恶还是德行……这样一个**解放了的**精神带着快乐而信赖的宿命论置身于万物之中,置身于一种信仰:唯有个体被抛弃,在全之中万物得到拯救和肯定——**他不再否定**……然而一个这样的信仰是一切可能的信仰中最高的:我用**酒神**的名字来命名它。

50

可以说,在某种意义上,19世纪**也是**追求歌德作为个人所追求过的一切东西:理解和肯定一切,接纳每样东西,大胆的实在论,崇敬一切事实。何以总的结果却不是歌德,而是混乱,虚无主义的悲叹,不知何来何往,一种在实践中不断驱迫人**回溯18世纪**的疲惫的本能?(——例如情感浪漫主义,博爱和多愁善感,趣味上的女性主义,政治上的社会主义。)

莫非19世纪，特别是它的末叶，仅是一个强化的**野蛮化的**18世纪，即一个**颓废**世纪？那么莫非歌德不但对于德国，而且对于欧洲，仅是一个意外事件，一个美好的徒劳之举？——然而，如果从公共利益的角度来看伟人，就曲解了他们。一个人懂得不向伟人要求利益，**也许这本身就属于伟大**……

51

歌德是使我肃然起敬的最后一个德国人，他大约感受到了我所感受到的三件事——我们对于"十字架"的意见也一致……常常有人问我，究竟为何要用**德文**写作，因为我在任何地方都不像在我的祖国这样糟糕地被人阅读。可是终究有谁知道，我是否还**希望**在今日被人阅读？——创造时间无奈其何的事物，为了小小的不朽而致力于形式和**质料**——我还从未谦虚得向自己要求更少。格言和警句是"永恒"之形式，我在这方面是德国首屈一指的大师；我的虚荣心是：用十句话说出别人用一本书说出的东西——说出别人用一本书**没有**说出的东西……

我已经给予人类它所具有的最深刻的书，我的《**查拉图斯特拉如是说**》，最近我还要给它最独立不羁的书[1]。

---

1 应该是指计划中的《权力意志》一书。

我感谢古人什么

1

最后,谈一谈那个我试图进入的世界,那个我也许发现了一个新的入口的世界——古代世界。我的趣味同宽容的趣味正好相反,在这里也和那种全盘肯定的态度相去甚远:它压根儿不喜欢说"是",宁肯说"不",尤其喜欢什么也不说……这适用于整个文化,适用于书籍——这也适用于地方和风景。根本只有极少数古书在我的生活里有其地位,最著名的不在其中。我对于风格以及作为风格的警句的感觉,是在接触萨卢斯提乌斯[1]时几乎刹那间觉醒的。我忘不了我尊敬的老师科森[2],当他不得不给他最差的拉丁文学生打最好的分数时,他是多么惊奇——我突然成熟了。凝练,辛辣,本钱尽可能富足,对"华美的辞藻"以及"华美的感情"怀着冷酷的恶意——我在这上面猜透了自己。人们在我身上,包

---

1 萨卢斯提乌斯(Gaius Sallustius Crispus,公元前86—公元前35),古罗马历史学家。
2 科森(Wilhelm Corssen,1820—1875),古典语文学家,尼采在普福塔文科中学就读时的老师。

括在我的《查拉图斯特拉》中,可以重新认出一种非常严肃的对于**罗马**风格,对于 aere perennius(比青铜更持久)的野心。——我第一次接触贺拉斯[1]时,情况并无不同。至今我在任何诗人那里都未尝感受到初读贺拉斯的抒情诗时那种精微的喜悦。在某些语言里,这里所达到的东西是根本不可**企求**的。这种文字的镶嵌细工,其中每个字无论声响、位置还是内容都向左右迸发其力量,且震荡于全篇之中;这种使用最低限度的符号,却达到符号之最高表现力——这一切都是罗马的,倘若愿意相信我的话,也是卓越地**高贵**的。其余一切诗歌比较之下都是某种平俗的东西——一种纯粹的感情唠叨……

2

我未尝从希腊人那里受到过如此强烈的影响;坦白地说,对于我们,他们不**可能**和罗马人一样。人们不向希腊人**学习**——他们的类别过于异样,他们又过于流动而不易发生命令和"经典"的作用。谁可曾向一个希腊人学习写作!谁又可曾**撇开**罗马人而学习写作!……请不要抬出柏拉图来反驳我。对于柏拉图,我是根本怀疑的,而且始终不去加入学者中流传的对**杂耍演员**柏拉图的惊叹。在这方面,古代最精细的鉴赏家毕竟站在我这一边。在我看来,柏拉图搅乱了风格的全部形式,

---

[1] 贺拉斯(Quintus Horatius Flasccus,公元前65—公元前8),古罗马诗人,拉丁语诗歌的创始人。

所以他是风格的**第一**个颓废者：他的良心上有点东西与发明了迈尼普斯讽刺杂感文体[1]的犬儒学派相似。柏拉图的对话，辩证法的这种极其沾沾自喜和幼稚的品种，一个人必须从未读过好的法国作家，例如丰特奈尔[2]，才会觉得它有魅力。柏拉图是令人厌倦的。——我对柏拉图的不信任是深入骨髓的：我发现他是如此远离希腊的一切基本本能，如此道德化，如此先于基督教而基督教气味十足——他业已把"善"这个概念视为最高概念，和别的任何词相比较，我宁愿用"高级诈骗"这个刺耳的词，或者，倘若人们更爱听，用"理想主义"来说明整个柏拉图现象。这个雅典人在埃及人那里上过学（——或许是在埃及的犹太人那里？……），人们为此付出了昂贵的代价。在基督教的巨大灾难中，柏拉图是那个被称为"理想"的暧昧和蛊惑，它使古代的高贵天性有可能误解自己，踏上通往"十字架"之桥……而在"教会"这个概念里，在教会的组织、制度和实践里，又有多少柏拉图！——对于一切柏拉图主义，我的复原、我的偏爱、我的**疗养**始终是**修昔底德**[3]。修昔底德，也许

1　迈尼普斯讽刺杂感文体（satura Menippea），由古希腊犬儒派哲学家迈尼普斯（Menippos，公元前3世纪）发明，以擅长讽刺著称。
2　丰特奈尔（Bernhard le Bovier de Fontenelle，1657—1757），法国作家，著有《亡者对话录》。
3　修昔底德（Thucydides，约公元前460—约公元前404），古希腊历史学家，《伯罗奔尼撒战争史》的作者。

还有马基雅维利[1]的学说，因其毫不自欺的以及在**实在**中，而**不是**在"理性"中，更不是在"道德"中发现理性的绝对意愿，而与我血缘最近……"受古典教育的"青年在文科中学接受走向生活的训练，作为训练的报酬，他们得到了希腊可怜的理想虚饰，没有谁能像修昔底德那样彻底地治疗这种虚饰了。人们必须一行一行地琢磨他，如读他的文字那样明晰地读懂他的隐义，很少有如此满含隐义的思想家。**智者文化**，毋宁说，**实在论者文化**，在他那里获得了完满的表现：这个处在到处正爆发的苏格拉底学派的道德欺骗和理想欺骗之中的不可估价的运动。希腊哲学是希腊本能的衰退；修昔底德是古希腊人本能中那种强大的、严格的、坚硬的求实精神的伟大总结和最后显现。面对现实的**勇气**区分了像修昔底德和柏拉图这样的天性：柏拉图在现实面前是个懦夫——**所以他逃入理想**；修昔底德支配**自己**——所以他也支配事物……

3

在希腊人身上嗅出"美丽的灵魂"、"中庸"和别的完美性，譬如赞叹他们的静穆的伟大，理想的信念，高贵的单纯——我身上的心理学家保护我免于这种"高贵的单纯"，最后还免于 niaiserie allemande（德国的蠢话）。我看出他们的最强烈的本能，求权力的意志，我看出他们在这本能的狂暴

---

[1] 马基雅维利（Niccolò Macchiavelli, 1469—1527），意大利政治家、作家，代表作为《君主论》。

威力面前颤抖——我看出他们的全部公共机构都产生自一种防卫措施，以求互相更安全地面对他们身内的**炸药**。于是，内部的巨大紧张便以可怕的疯狂的敌意向外释放：城邦互相厮杀，如此每个城邦的公民在自己面前却得到了安宁。一个人必须成为强者：危险近在身旁，危机四伏。矫健灵活的躯体，希腊人固有的大胆的实在论和非道德主义，是一种**必需**，而不是"天性"。它是后来形成的，不是一开始就有的。而人们通过节庆和艺术也仅是想感到自己**强有力**，**显示**自己强有力，别无其他目的：这是颂扬自己的手段，有时候是恐吓自己的手段……按照德国习惯，根据希腊哲学家来判断希腊人，例如用苏格拉底学派的庸俗特性来解开其奥秘，**什么东西**在本质上还是希腊的！……哲学家诚然是希腊精神的颓废派，是对古老高贵趣味的反动（——反对竞赛本能，反对城邦，反对种族的价值，反对血统的权威）。苏格拉底的德行受到宣扬，**因为希腊人已经丢失了它们**：敏感，怯懦，反复无常，人人都是喜剧演员，他们有太多的理由要听任道德向自己说教。无济于事，不过浮夸的辞藻和姿态多么适合于颓废派……

4

我是第一个人，为了理解古老的，仍然丰盈乃至满溢的希腊本能，而认真对待那名为酒神的奇妙现象，它唯有从力量的**过剩**得到说明。谁曾探究过希腊人，如同那位当今在世的最深刻的希腊文化专家，巴塞尔的雅可比·布克哈特，那么，他就会立刻明白在这方面可以做点什么：布克哈特在他的《希腊人的文化》中增补了专门的章节来论述上述现象。倘若想知道相反的情形，不妨看看德国古典语文学家们在接触酒神现象时那近乎可笑的本能之乏弱。尤其是著名的洛贝克[1]，以一条干瘪书蠹的威严的自信爬进这个神秘境界，并且说服自己把令人厌恶的粗率无知当作科学——洛贝克竭尽全部学识让人明白，原来所有这些奇妙现象毫无意义。事实上，巫师不过要向这些狂欢的参加者传达一些并非没有价值的事情，例如，酒刺激欲望，人有时候靠果实为生，植物春华秋衰。至于说到狂欢的源泉，其在秘仪、象征、神话方面如此可惊的丰富性，那的确是遍布于古代世界的，那么，洛贝克从中发现了让自己变得更加风趣一个等级的机会。他说（*Aglaophamus* 第一卷第 672 页）："希腊人，他们别无他事可做，于是就欢笑，跳跃，他们到处休憩，或者如同人有时也会感兴趣的那样，他们坐下来流泪和号啕。**另一些人**随后来到，试图为这触目的行为寻找一个随便什么理由；于是，无数的节日传说和神话形成了，用来解释这些风俗。另一方面，人们相信，现在一度发生在节日的**滑稽举动**必定也属于节日庆典，于是把它作为敬神的一个不可缺少的部分保存下来了。"——这是可鄙的空话，对这位洛贝克一刻也不能认真看待。当我们检查温克尔曼[2]和歌德为自己所形成的"希

1　洛贝克（christian August Lobeck，1781—1860），古典语文学家，尼采在这里谈论和引用的 Aglaophamus 是其主要著作。
2　温克尔曼（Johann Winckelmann,1717—1768），德国考古学家、艺术史家，对于希腊艺术的普及和新古典主义的兴起有重大影响。

腊的"这一概念，并且发现，它与生长出酒神艺术的那种要素——酒神祭——是不相容的，我们的感受就全然不同了。我其实不怀疑，歌德在原则上把这类东西从希腊心灵的可能性中排除出去了。**结果，歌德不理解希腊人**。因为只有在酒神秘仪中，在酒神状态的心理中，希腊人本能的**根本事实**——他们的"生命意志"——才获得了表达。希腊人用这种秘仪担保**什么**？**永恒的生命**，生命的永恒回归；被允诺和贡献在过去之中的未来；超越死亡和变化之上的胜利的生命之肯定；**真正的生命即通过生殖**，通过性的神秘而延续的总体生命。所以，对希腊人来说，**性**的象征本身是可敬的象征，是全部古代虔敬所包含的真正深刻意义。交媾、怀孕和生育行为中的每个细节都唤起最崇高、最庄严的情感。在秘教中，痛苦被神圣地宣说："产妇的阵痛"圣化了一般痛苦——一切生成和生长，一切未来的担保，都**以痛苦为条件**……以此而有永恒的创造喜悦，生命意志以此而永远肯定自己，也**必须永远有"产妇的阵痛"**……这一切都蕴含在狄俄尼索斯这个词里：我不知道还有比这希腊的酒神象征更高的象征意义。在其中可以宗教式地感觉到最深邃的生命本能，求生命之未来的本能，求生命之永恒的本能——走向生命之路，生殖，作为**神圣的路**……唯有基督教，怀着根本**反对**生命的怨恨，把性视为某种不洁之物：它把污秽泼在源头上，泼在我们生命的前提上……

5

酒神祭之作为一种满溢的生命感和力感，在其中连痛苦也起着兴奋剂的作用,它的心理学给了我理解**悲剧**情感的钥匙,这种情感既被亚里士多德误解了,更被我们的悲观主义者误解了。悲剧远不能替叔本华意义上的所谓希腊悲观主义证明什么,相反是对它的决定性的否定和**反驳**。肯定生命,哪怕是在它最异样最艰难的问题上;生命意志在其最高类型的**牺牲**中,为自身的不可穷竭而欢欣鼓舞——我称**这**为酒神精神,我把**这**看作通往**悲剧**诗人心理的桥梁。**不是**为了摆脱恐惧和怜悯,不是为了通过猛烈的宣泄而从一种危险的激情中净化自己——亚里士多德如此误解——相反是为了超越恐惧和怜悯,为了**成为**生成之永恒喜悦**本身**——这种喜悦在自身中也包含着毁灭之喜悦……我借此又回到了我一开始出发的地方——《悲剧的诞生》是我的第一个一切价值的重估:我借此又回到了我的愿望和我的**能力**由之生长的土地上——我,哲学家狄俄尼索斯的最后一个弟子——我,永恒回归的教师……

铁锤的话

——《查拉图斯特拉如是说》第三卷第 90 页[1]

"为何这样坚硬!"有一回炭对金刚石说,"我们不是近亲吗?"

为何这样软弱?哦,我的兄弟们,我如此问你们:你们不是——我的兄弟吗?

为何这样软弱,这样退缩和顺从?你们心中为何有这样多的否认和弃绝?你们眼中为何有这样少的命运?

如果你们不愿做命定者和无情者,有朝一日你们如何能和我一起——获胜?

如果你们的硬度不愿闪光、切割和割断,有朝一日你们如何能和我一起——创造?

因为一切创造者都是坚强的。你们必须把这当作至福:把你们的手压在千秋万载上如同压在蜡块上——

——把这当作至福:在千秋万载的意志上书写如同写在矿石上——比矿石更坚硬,比矿石更高贵。唯有最高贵者才

1　此文摘自《查拉图斯特拉如是说》第三卷中的《新榜与旧榜》,尼采所注是德文初版的页码。

通体坚硬。

哦，我的兄弟们，我把这新榜置于你们头上：成为强者吧！

重要语词译表

"andre" Welt "彼岸"世界

Dauer 持续

Ding 物

Ding an sich 物自体

Dinglichkeit 物性

die Dionysische 酒神的，酒神精神

"dise" Welt "此岸"世界

die Einheit 统一

die ewige Wiederkunft 永恒回归

der freie Wille 自由意志

der Geist 精神

das Ich 自我

die Identität 同一

der Immoralismus 非道德主义

die "innere Welt" "内心世界"

der Orgiasmus 酒神祭

der Realismus 实在论

die Realität 实在，实在性
die scheinbare Welt 虚假的世界，假象的世界
die Scheinbarkeit 假象
Sein 存在
Substanz 实体
die Unschuld des Werdens 生成的无罪
Ursach 始因
die Veräderung 转化
das Vernunft 理性
die Vorstellung 表象，观念
die wahre Welt 真正的世界
der Wechsel 变化
das Werden 生成
der Wille 意志
der Wille zur Macht 权力意志，求权力的意志
die wirkliche Welt 现实世界
die Wirklichkeit 真实性

偶像的黄昏
或怎样用锤子从事哲学思考

作者 _ [德] 弗里德里希·威廉·尼采　　译者 _ 周国平

编辑 _ 刘树东　　装帧设计 _ 董歆昱　　主管 _ 黄杨健
内文排版 _ 朱大锤　　技术编辑 _ 顾逸飞
责任印制 _ 梁拥军　　出品人 _ 王誉

营销团队 _ 毛婷　魏洋

果麦
www.goldmye.com

以 微 小 的 力 量 推 动 文 明

图书在版编目（CIP）数据

偶像的黄昏或怎样用锤子从事哲学思考 /（德）弗里德里希·威廉·尼采著；周国平译. -- 昆明：云南人民出版社，2025.5. -- ISBN 978-7-222-23668-4

Ⅰ．B516.47

中国国家版本馆CIP数据核字第20257V2T99号

责任编辑：张丽园
责任校对：刘　娟
责任印制：李寒东

偶像的黄昏或怎样用锤子从事哲学思考
OUXIANG DE HUANGHUN HUO ZENYANG YONG CHUIZI CONGSHI ZHEXUE SIKAO
[德] 弗里德里希·威廉·尼采　著　　周国平　译

出　版	云南人民出版社
发　行	云南人民出版社
社　址	昆明市环城西路609号
邮　编	650034
网　址	www.ynpph.com.cn
E-mail	ynrms@sina.com
开　本	880mm×1230mm　1/32
印　张	5.25
字　数	104千字
版　次	2025年5月第1版　2025年5月第1次印刷
印　刷	河北鹏润印刷有限公司
书　号	ISBN 978-7-222-23668-4
定　价	39.80元

版权所有 侵权必究
如发现印装质量问题，影响阅读，请联系021-64386496调换。